KB143483

나는 퇴근 후 사장이 된다

나는 퇴근 후 사장이 된다

수지 무어 지음 | 강유리 옮김

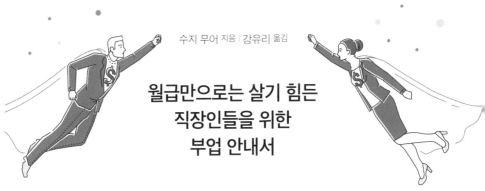

월급만으로는 살기 힘든
직장인들을 위한
부업 안내서

현대
지성

"젊을 때 창업을 하는 것은 현대 역사를 통틀어

아주 크게 성공한 사람들의 두드러진 특징임을 기억하라."

잭 캔필드
『영혼을 위한 닭고기 수프』 저자

—

"출중한 능력을 발휘하기 쉬운 세상이 왔는데

어째서 적당히 안주하려 하는가?"

세스 고딘
『이카루스 이야기』 저자

—

"당신의 열정은 무엇인가?

무엇이 당신의 영혼에 떨림을 일으키고,

무엇이 당신이 세상에 태어난 이유와

완전한 조화를 이룬다는 느낌을 가지게 하는가?

이 점을 명심하라.

그것이 무엇이든, 그 일을 하면서 생계를 유지할 수 있고

동시에 남들에게 도움을 줄 수 있다.

내가 보장한다."

웨인 W. 다이어 박사
심리학자, 자기계발 저자

목차

1

왜 기다리는가?

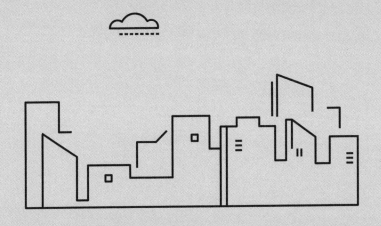

"당신은 경력을 쌓는 게 아니라 인생을 사는 것이다."

셰릴 스트레이드
『와일드』 저자

—

"행복이란 잠재성을 향해 나아갈 때 느끼는 기쁨이다."

숀 아처
긍정심리학자, 굿씽크GoodThink 설립자

"고작 이러려고?" 어느 날 아침 사무실에서 문득 심란한 마음이 들면서 이런 생각이 엄습했다. 나는 얼마 전 포춘 500대 기업에 인수된 실리콘밸리 스타트업의 뉴욕 지사 영업이사였고, 냉기가 사무치는 사무실에서 인공조명을 흠뻑 맞으며 화상회의를 하는 짬짬이 핀터레스트Pinterest를 뒤지던 중이었다. 창밖으로 파란 하늘을 내다보았다. 휴… 그러다 정신이 번쩍 드는 핀을 하나 발견했다. 시인 메리 올리버의 "여름날The Summer Day"이라는 시에서 따온 구절이었다.

"말해 주세요. 하나뿐인 이 거칠고 소중한 삶을 걸고 당신이 하려는 일은 무엇인가요?"

내 영혼이 비명을 질렀다. "이건 아니야!"
변화가 필요한 시점이었다. 그때부터였다. 내가 부업을 시작하게 된 건. 당신 이야기 같다고? 어쩌면 당신은 냉난방 잘되는 회의실에 앉아, 귀중한 남의 인생 한 시간쯤 낭비하는 걸 아무렇지도 않게 생각하는 세상 잘난 사람들 틈바구니에 끼어서 또 한 차례 정신이 아득해지는 내부 회의를 하느라 꼼짝 못하고 있는지도 모르겠다. 아니면 화요일 오전 8시 45분 (맛없는) 드립 커피가 내려지기를 기다리며 어서 금요일 오후 5시가 되었으면 하고 간절히 바라고 있을 수도 있다. (정말 시간이 어쩜 그렇게 느리게 흐를 수가 있죠?) 결정적인 순간은 언제 어떤 모습으로 다가오든 금세 알아차릴 수 있다.

많은 사람들이 부업을 시작하게 되는 계기는 현재의 본업에 대한 불만이다. 기술 기업 창립자 숀 베어도 마찬가지였다. 숀은 운송 프로그램 개발 기업 스트라팀Stratim을 창업하기 전 자신의 상태에 대해 이렇게 말했다. "새로운 걸 만들어내지 못하고 있었어요. 그래서 창업을 해서 끊임없이 새로운 것을 만들고 싶었죠. 새로운 아이디어, 새로운 제품, 새로운 회사를 말이에요."

내 경우, 영업직으로 10년 이상 일하고 나니(일은 대체로 아주 즐거웠다) 뭔가 새로운 일을 해봐야겠다는 생각이 들었다. 인간은 누구나 본능적으로 새로운 도전과 경험을 갈구하게 되어 있다는 점노 알고 있었다. 나만 그런 게 아니다. 2013년 갤럽 조사에 따르면 전 세계 직장인 중 13퍼센트만이 업무에 몰두하는 것으로 드러났다.

나는 자기계발서를 550권 이상 읽었고 주변 사람들에게

천부적인 조언자 역할을 하는 편이다. 특히 삶의 목적을 일깨워주고, 자신감을 높여주며, 협상과 인맥 형성 방법을 알려주는 데에 소질이 있다. 자연스럽게 내 부업은 라이프 코칭이 되었다.

나는 뉴욕대학교 코칭 프로그램에 참여했고 영업 스킬을 활용해 편집자들에게 기사 아이디어를 제안했다. 내 글을 출간시켜서 잠재 고객의 관심을 끌고 싶었기 때문이었다. (부업을 'hustle', 즉 '길거리에서 손님을 끄는 일'이라고 부르는 건 다 이유가 있는 법이다!) 물론 당신이 진출하고 싶은 분야에 자격증이 필요하지 않다면 곧바로 뛰어들어도 무방하다.

내 경우, 조언 위주의 기사 덕분에 의뢰인이 줄줄이 이어졌고 두 달 만에 기고와 코칭으로 돈을 벌게 되었다. 믿을 수 없을 정도의 행운이었다! 사람들과 대화를 나누고 인생 조언을 건네는 대가로 돈을 받는다고? 세상에 이렇게 신나는 일이!《마리끌레르》잡지에 기고하는 동안에는《허핑턴포스트》창립자 아리아나 허핑턴, 방송인 크리스 제너, 보정 속옷 브랜드 스팬스Spanx 창립자 세라 블레이클리 같은 굉장한 유명인사까지 인터뷰했다.

원고료는 유료 간행물의 경우 기사 하나당 75달러에서 750달러 사이였고, 나는 한 달에 여러 꼭지의 기사를 썼다. 어디서든 타이핑을 멈추지 않았다. 지하철을 타고 가면서, 홀푸

즈Whole Foods* 매장에 줄을 시서, 점심시간을 틈타 사무실에서 글을 썼다. 기사 하나를 완성하기까지는 두세 시간이 걸렸다. 매월 순 방문자 수가 수천만 명에 이르는 대형 간행물에 기고한 덕분에 내 신뢰도가 올라갔고 블로그의 트래픽도 증가했다. 이메일 구독 신청자가 늘어났고, 그에 따라 내게 코칭이나 조언을 구하는 경우가 잦아졌다.

나는 수업을 듣기 시작한 처음 한두 주 동안 세션당 100달러의 코칭 비용을 책정했다. 그 후 소셜 미디어에서 내 콘텐츠가 공유된 덕분에 수요가 늘어났고, 내 라이프 코칭 스킬이 향상되면서 세 달에 한 번 징도 50달러씩 단가를 올릴 수 있었다. 출장과 시간 외 고객 접대를 포함한 본업의 업무 시간을 피해가며 일한 결과, 어느 달에는 부업으로 4,000달러의 부수입을 올렸다. 본업에 더하여 주당 12시간에서 16시간 근무한 것과 맞먹는 금액이었다. 정보분석 기업 닐슨Nielson에 따르면 35세에서 49세의 평범한 미국인들은 일주일에 텔레비전을 33시간 이상 시청한다고 한다. 답이 딱 나오지 않는가?

매주 남아도는 그 시간에 당신은 무엇을 할 수 있는가? 매주 TV 시청 시간을 포기하거나 그밖에 다른 비생산적인 습관을 버리거나 줄일 경우, 당신의 행복이나 목표에 어떤 이득이

---

* 유기농 식품 체인. ―역주

될지, 그런 시간에 부업을 해서 얻는 부가 소득이 생활에 어떤 도움을 줄지 생각해보라.

나는 부업을 강력하게 추천한다. 부업을 통해 여유 수입을 얻고, 본업에서 잠자고 있는 재능을 활용하며, 불확실한 경제에 대비해 위험을 회피할 수도 있다. 또한 회사에 고용된 상태로 사업을 시작하면 부업의 생존 가능성을 시험할 때 더 안전하게 타당성을 검증할 수 있다. 그 일에 풀타임으로 매달리기 전에 당신의 제품이나 서비스를 원하는 사람들이 있는지 증명할 수 있다는 뜻이다.

물론 언제나 식은 죽 먹기는 아니다. 초반에 손님을 끌고 브랜드를 구축하려면 창조적인 사고와 근면한 태도가 필요하다. 거기다가 현금 흐름을 관리하고, 적절한 아웃소싱(외주)을 포함해 다양한 행정 업무를 처리하고, 이런 일들을 더 효율적으로 하는 방법을 찾아 부업의 규모를 확대해 나갈 수 있어야 한다.

당신은 이 일에 전념해야 한다. 〈왕좌의 게임〉에 푹 빠져 지내던 시간을 포기해야 하고 술자리에서 가장 먼저 일어나야 할 때도 있을 것이다. 재미있어서 하는 일인데 그걸로 돈을 받아도 되나 하는 의구심을 극복해야 할 것이다. "안 되겠습니다."라는 말을 입에 달고 살게 될 것이다. 하지만 엄청난 보상을 얻을 수도 있다. 빠른 속도로 확장하는 부업과 본업,

두 마리 토끼를 좇던 나는 18개월 가까이 지난 뒤 본업을 관뒀다. 쉽지 않은 결정이었다. 마지막 해 연봉이 대략 50만 달러였기 때문이다. 하지만 나는 그 정도로 라이프 코칭 일을 사랑했고 부업의 확장 가능성을 믿었다.

사람들이 나를 미쳤다고 생각하지 않았느냐고? 물론이다! 나조차도 내가 미친 게 아닌가 생각했으니까. 하지만 장기적으로 볼 때 상황은 그렇게까지 위험해보이지 않았다. 생각해보라. 고용 시장에는 안정성이 사라진 지 오래다. 누구나 그러하듯이 나는 언제든 (단 한 사람의 결정으로!) 해고될 수 있었다. 나는 스케줄을 자유롭게 짜고, 관심 분야의 일을 하며, 소득 상한을 없앨 수 있다는 장점이(특히 여성으로서 나는 그 상한에 이미 도달했다고 느꼈다) 꼬박꼬박 들어오는 월급을 포기함으로써 발생하는 경제적 위험이라는 단점을 충분히 상쇄한다고 생각했다. 무엇보다 비위 맞추기 힘든 상사에게서 벗어나고 싶었고 이미 싫증이 나기 시작한 일을 계속해야 하는 스트레스와 압박도 떨쳐버려야만 했다. 나는 가난한 집안에서 자랐다. 실은 기초생활 수급자였다. 그런 만큼 돈을 중요하게 여기고 경제적 위험을 가볍게 여기지 않는다. 당신이 위험을 너무 크게 받아들이고 있는 건 아닌지, 관점을 전환하지 못하는 건 아닌지 생각해보라.

과감한 결단에 도움이 될 수 있게, 각 장의 마지막 부분에 내가 설명한 원칙들을 적용해 볼 수 있는 실습 과제를 제시해놓았다. 일종의 숙제라고 생각해도 좋다. 이 부분을 통해 책을 읽어나가는 동안 지속적인 동기 부여를 받을 수 있었으면 좋겠다. 아울러, 추진력 넘치는 창업가와 성공적으로 부업을 시작한 사람들의 조언을 군데군데 흩뿌려놓았다. 즐겁게 읽고 그들에게서도 무언가를 배울 수 있기를 바란다.

당신도 틀림없이 나와 비슷할 것이다. 인생에서 자유를 찾고 일에 대한 소유권을 얻고 싶지 않은가? 우리는 모두 좋아하는 일을 하면서 자기 나름의 방식대로 세상에 의미 있는 변화를 일으키고 싶어 한다. 이 책은 당신이 스스로를 믿고 결단을 내리도록 다독이고, 무엇 때문에 망설이고 있는지 탐구하며, 타석에 올라 멋진 홈런을 치라고 응원해 줄 것이다.

전 세계의 부업가들이여, 당신은 혼자가 아니다. 열정 프로젝트에 성큼 발을 들여놓고 성공을 거머쥘 방법을 알려주는 로드맵이 여기 있다.

퇴근 후 할 일

화상회의에 꼼짝없이 붙들려 있거나, 회사의 비능률적인 관료주의를 감당해야 하거나, 본업의 스트레스로 지쳐 있을 때 당신이 꿈꾸는 비상 탈출구는 무엇인가? 자신의 강점과 꿈꾸는 직업을 목록으로 나열해보라. 당신의 이상적인 부업은 무엇일까? 아래와 같은 질문을 던져보면서 시작해보라.

- 나는 사람들의 어떤 문제에 도움을 주는가?
- 나를 살아 있다고 느끼게 하는 것은 무엇인가?
- 돈이 문제가 안 된다면 어떤 일을 하겠는가?

도움이 필요하다면 친구나 가족, 연인에게 당신이 잘하는 일, 혹은 그들에게 도움이 되었던 일이 무엇인지 물어보라. 마음을 열고 의견을 받아들여라. 의외의, 게다가 대단히 기분 좋은 대답이 나올지도 모른다. 귀 기울여 듣는다면 새로운 길이 열릴 수도 있다.

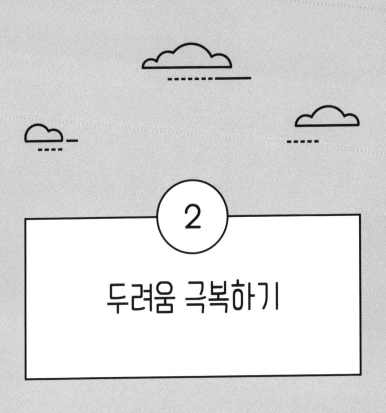

2

두려움 극복하기

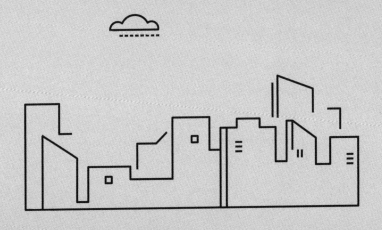

"실패보다 실패의 두려움이 미래의 꿈을 죽인다."

수지 카셈
작가, 시인, 철학가

—

"의심은 배반자다. 의심하면 시도하는 것이 두려워져

얻을 수 있는 좋은 것을 얻지 못하게 만든다."

윌리엄 셰익스피어
〈자에는 자로Measure for Measure〉 중에서.

"수지, 사장님이 잠깐 보자고 하셔." 심장이 쿵쾅거리기 시작했다. "바로 이거야!" 나는 속으로 쾌재를 불렀다. 드디어 승진하게 되는구나!

직장 생활을 처음 시작했을 당시 나는 젊고 순진하고 야망이 있었다(약간의 자만심도 물론 있었다). 첫 직장에서 말단 사원으로 지원 업무를 맡았지만 영업팀에 끼고 싶은 마음이 간절했다. 나는 모든 근무 시간을 영업팀과 함께 보냈다. 그들의 대화에 귀를 기울이고 그들의 고객 관리를 도왔으며 기회가 있을 때마다 고객을 설득해 더 비싼 제품을 사게 만들었다. "이렇게 일을 잘하는데 당연히 알아주겠지!" 나는 원래 해야 할 데이터 입력 업무는 깡그리 무시한 채, 꽤나 자신감 있게 속으로 그렇게 생각했다.

그래서 사장님이 나를 보자고 했을 때, 나는 마음의 준비가 되어 있었다. 립글로스를 살짝 바르고, 우아하게 승진을 수락할 준비를 하면서 우쭐한 걸음걸이로 계단을 걸어 올라갔다. 아, 명함도 신청해야겠다(내 머릿속에서 명함은 크게 성공했다는 의미였다).

그런데 웬걸, 의자에 엉덩이를 붙이자마자 다음과 같은 말이 사정없이 내 따귀를 후려쳤다. "수지 씨, 다른 일자리를 알아보도록 해요. 이곳이 맞지 않는 것 같군."

온몸을 휘감는 충격. 호흡이 멈추었다. 심장이 내려앉았다. 뭐라고요?!

나는 20대 초반, 돈도 없고 의지할 가족도 없이(가족들은 고향 영국에 있었다) 혈혈단신으로 호주에 살고 있었다. 하지만 바로 그때 나는 내 안에 어떤 힘이 생겨나는 걸 느꼈다. 우리 내면의 길잡이는 일으켜 세우려고만 하면 우리를 절대 배신하지 않는다. 길잡이는 내가 해야 할 일을 알려주었다. 대담하게 행동해야 해. 일어서서 밖으로 나가. 처음부터 다시 시작해. 지금 당장.

나는 할 수만 있다면 그날 오후 슬프고 겁에 질린 그 여자애를 다시 만나서 말해 주고 싶다. 다 괜찮을 거라고. 그냥 괜찮은 수준이 아니라 훨씬 더 나아질 거라고.

낯선 나라에서 돈도 없이 혼자서, 게다가 이제는 직장도 없이 스물셋을 맞이하게 된다는 사실 때문이었을까? 맙소사, 안 돼! 나는 공포를 느꼈다. 두려움은 그저 머릿속 감정이 아니라 현실이었다. 두려움은 항상 현실이다. 변화의 두려움은 우리가 인생에서 무언가를 바꾸는 데에 가장 큰 걸림돌이 된다.

이 책을 통해 두려움을 줄여주겠다는 건 아니다. 두려움이라는 주제로 책을 300권쯤 쓸 수도 있을 것 같긴 하지만. 두려움은 내가 이제까지 쓴 블로그 게시물에도 거의 매번 등장한다. 두려움은 수많은 방식으로 그 흉측한 모습을 드러낸다. 그것은 핑계로 나타나고, 미루기로 나타나기도 하며, 실용성의 가면을 쓰고 나타날 때도 있고("아, 사진작가가 되고 싶지만 그걸로는 먹고 살 수가 없어.") 혼돈이나 무지로 나타난다("내 목표가 무엇인지 정말 모르겠어.").

라이프 코치로서 누군가가 원하는 바의 핵심에 이르게 유도할 때 가장 어려운 부분은 정말 간절하게 원하는 바를 소리 내어 말하게 하는 것이다. 단, 다른 사람이 아닌 자기 자신에게 말해야 한다. 소리 내어 말할 때 그것은 힘을 발휘한다. 많은 꿈이 묻혀 있는 이유는 너무나 두려워서 그 꿈을 자기 자신에게 소리 내어 말하지 않기 때문이다. 밖으로 끄집어낼 때 꿈은 실체가 된다. 겁이 나는 이유는 말하고 난 다음 해야 할 일들을 알고 있기 때문이다.

처음에는 분명히 드러나지 않을 수도 있지만, 어떤 것 때문에 두려운 마음이 든다면 그게 중요한 일이기 때문인 경우가 많다. 존재와 깊숙이 연관된 중요한 문제를 환히 드러내기 때문에 두려운 것이다. 그것은 그럴 만한 능력이 있다. 내 친구 하나는 놀랄 만큼 아름다운 목소리를 가졌다. 남몰래 가수의 꿈을 품고 있을 정도다. 하지만 남들 앞에서는 그 꿈을 웃어넘기고 별것 아닌 척하다가 소비뇽 블랑 포도주가 몇 잔 들어가고 난 뒤에야 오래 묻어둔 이 꿈의 실체를 드러내 보인다. 왜 그럴까? 친구는 꿈을 인정하면 해야 할 일들이 두려운 것이다. 만일 그녀가 "나는 가수가 꿈이야. 노래를 하고 싶어. 사람들이 내 노래를 들어주었으면 좋겠어."라고 소리 내어 말한다면 어떻게 될까? 그녀 입장에서는 그 꿈이 존재하지 않는 척하는 편이 훨씬 수월하다. 꿈을 말해서 실체로 만들어버리면 그다음에 어찌해야 할지 당혹스러우니까.

하지만 두려움을 이해하고 나면 두려움의 지배에서 벗어날 수 있다. 그래서 지금 여기서 두려움의 실체를 소개하려고 한다.

『인생 치유』(뜨란, 2012)의 저자 댄 베이커 박사와 캐머런 스타우스에 따르면, 낯선 이의 차를 얻어타기와 같이 무언가 위험한 행동을 하지 못하게 보호해 주는 힘으로 작용하는 경우를 제외하면 모든 두려움은 두 가지 이유 중 하나에서 비롯된다고 한다. 그렇다, 단 두 가지다!

모든 두려움은 다음과 같은 생각 때문에 생겨난다.

1. 나는 모자란 사람이야.

2. 나는 가진 게 넉넉하지 않아.

인간은 현대의 새로운 환경을 염두에 두고 진화하지 못했다. 동굴에서 살던 시대에 두려움은 실제로 존재했고 그러한 두려움이 현실화되면 결과는 죽음이었다. 당신이 건강하고 힘이 세지 않으면 부족은 생존을 위해 당신을 버릴 수도 있었다. 그리고 가진 게 넉넉하지 않으면, 즉 매일 먹을 식량을 구하지 못하고 쉴 곳과 따뜻한 옷을 마련할 재주가 없다면 당신은 죽어서 사라지고 말 것이다.

하지만 요즘은 어떤가?

현대 세계에서 '모자라지 않은 사람'이라는 건 제대로 교육을 받고, 인맥이 좋고, 매력적이고, 똑똑하고, 잘생기고, 날씬하고, 유머 감각이 있다는 등등의 의미이다. 이 목록은 끝이 없다. 남과 자신을 비교하느라 바쁘다면 더욱 그렇다.

우리 사회에서 '가진 게 넉넉하다'는 것은 사치품의 소유와 동일시된다. 우리는 이 사치품들을 성공의 상징으로 여기지만, 이것들, 예를 들어 넓은 집, 근사한 자동차, 멋진 옷은 오히려 우리를 옭아맬 수 있다. 친구들에게 뒤처지지 않으려고 필요도 없는 물건에 있지도 않는 돈을 써야 한다.

생활환경은 판이하게 달라졌지만 인간의 '파충류 뇌'*에 내

---

* 진화 역사가 가장 오래된 인간의 뇌 부위. 파충류의 뇌와 구조가 거의 같음. 역주

재된 두 가지 두려움은 그대로 남아 있다. 인생에서 강렬하게 혹은 은밀하게 느껴지는 두려움을 잘 관찰해보면 이 두 가지 종류의 두려움 중 하나에 해당한다는 걸 알 수 있을 것이다.

"나는 모자란 사람이야."에 해당하는 예는 다음과 같다.

- "저 사람에게 좋아한다고 말할 수는 없어. 저 사람이 나한테 매력을 느낄 리가 없잖아!"
- "직장에서 보수를 더 요구할 수는 없어. 내가 일을 완벽하게 해내고 있는 것도 아닌데."
- "내가 뭐 대단한 사람이라고 사업을 시작해?"
- "블로그를 시작할 수는 없어. 아무도 내가 하는 말을 듣고 싶어 하지 않는다고."
- "그 파티에 가고 싶지 않아. 난 새로운 사람들을 사귀는 재주가 없어."

익숙하게 느껴진다고?

그렇다면 다음을 살펴보라.

- "돈 벌기는 어려운 일이야."
- "존은 나보다 좋은 집안 출신이야…… 그를 우리 부모님께 인사시키기가 조금 부끄러워."

- "정말 하고 싶은 일을 하다가 파산할 위험을 감수하는 것보다 잘 아는 일이나 충실히 하는 게 낫지."
- "톰은 나보다 돈을 훨씬 많이 벌고 항상 좋은 물건들을 쓰지. 아무래도 그가 나보다 나은 것 같아."
- "나는 저 부츠/노트북/스포츠센터 회원권을 사지 않을래. 돈 낭비하는 거 정말 싫거든."

모두 **"나는 가진 게 넉넉하지 않아."**의 사례들이다.

위 사례 전부가 모든 사람들에게 두려움으로 다가오지는 않을 것이다. 어쩌면 당신은 원래부터 파티에 가서 사람들과 어울리기보다 혼자 있기를 좋아하는 내향적인 사람일 수 있다. 옷 쇼핑을 하러 가기보다 휴가나 집 계약금을 위해 돈을 저축하는 편을 선호할 수도 있다. 하지만 저런 말이나 생각 뒤의 진짜 동기는 오로지 본인만 안다. 옳고 타당한 일을 하지 말아야 할 이유가 분명하다면 그것도 그 나름대로 좋다. 그게 아니라면, 즉 결정을 내리고 나니 불안하고 초라한 기분이 들고 아쉬움이 느껴진다면, 두려움의 작은 손가락이 당신을 휘감은 것이다. 가수가 되고 싶은 내 친구는 두려움 때문에 욕구 불만 상태가 되었고 자율적으로 행동하지 못하게 되었다. 그녀는 공격을 당하고 남의 눈에 띄고 뭔가에 대해 노력해야 하는 상황을 피하기 위해 아무것도 하지 않고 가만히 있다. 진짜 재능을 사용하는 진짜 노력은 진정한 기쁨을 가져다줄 수 있다. 하지만 베스트셀러 저자 제임스 알투처의 말처럼 "거절과 거절에 대한 두려움은 사람들이 자기 자신을 선택하지 못하게 하는 가장 큰 방해물로 작용한다." 내 친구의 경우가 꼭 그랬다. 가수가 되고 싶어 하지만 거절(혹은 그 반대인 성공)을 현실화하지조차 않으려 한다. 많은 사람들이 그렇다.

때때로 사람들은 엉뚱한 이유로 어떤 행동을 감행한다. 이를테면 대외적인 인정을 갈망한 나머지 다른 사람의 의견과 도덕적 의무감이 행동의 동기가 되는 경우다. 내 의뢰인이자 네이처매퍼NatureMapr*라는 앱을 만든 회사의 최고경영자 에런 클로젠은 실수를 통해 이와 관련한 통찰을 얻었다.

"제가 어렵사리 얻은 교훈이 또 하나 있어요. 저는 시장에 명백한 격차 혹은 기회가 있다고 생각해서 사업체를 구축하거나 설계해 나가려고 노력하고 있었죠. 하지만 알고 보니 아무도 제가 하는 일에 관심이 없더라고요. 도움을 받거나 관심을 끌기가 너무나

---

* 멸종 위기에 처한 토착 생물종의 생태 지도를 만드는 것을 목적으로 한다. 사람들이 특정 생물종의 사신을 찍어 올리면 개체 수, 위치 정보 등을 취합해 관련 연구를 하는 정부 기관과 단체들에게 제공한다. ─편집자 주

어려웠어요. 그 순간 깨달았죠. 엉뚱한 이유로 그 일을 하고 있었다는 걸요. 저는 '성공하려고' 사업을 시작했어요. 4년 동안 모든 것을 쏟아부었고 평생 제일 열심히 일한 시간이었지만 결국 연못의 큰 물고기에게 회사를 넘겨주고 간신히 빠져나올 수 있었죠. 저는 그런 접근법을 추천하고 싶지 않아요. 네이처매퍼가 재미있는 이유가 뭔지 아세요? 저는 사업과 진로 때문에 많은 스트레스를 받고 나서 밑바닥을 쳤을 때 명상을 하며 머리를 식힐 방법으로 산악자전거를 타고, 숲속을 걷고, 야외를 배회하면서 스트레스에서 벗어나기 시작했어요. 그런데 좋아하는 일을 하다 보니 자연스럽게 다음 사업 아이디어가 떠오르더라고요. 억지로 생각해낸 게 아니라 저절로 생각이 났죠. 억지로 짜내지 말고 좋아하는 일을 하세요."

많은 경우 우리는 이런 식의 내적 성찰을 회피하고 남의 기준에 나를 끼워 맞추려고만 한다. 우리는 남들이 나를 좋아하고 존중해주길 바란다. 꼭 진정으로 원하는 게 아니라도 남이 가치 있게 여기는 일에 자존감을 느낀다. 우리는 남과 달라지기를 두려워하지만 재미있게도 남과 다른 부분이야말로 우리를 흥미롭게 만들어주는 요소다. 우리는 남과 다르기에 아름답고 눈에 띄고 고유의 방식으로 세상에 쓸모가 있다. 당신이 좋아하는 가수, 저자, 배우, 사업가를 떠올려 보라. 당신에게 영감을 준 사람이라면 누구라도 좋다. 장담컨대 그들은 부적격자, 그러니까 정상적인 것에서 벗어난 사람이라는 평가를 받았을 것이다. 마돈나를 보라. 스티브 잡스, 데이비드 보위, 스탠드업 코미디언 에이미 슈머를 보라. 당신이 이 사람들을 어떻게 생각하든, 대세에 섞이지 않는다는 사실을 부인할 수는 없다. 구직 사이트 더 뮤즈The Muse의 공동 창립자인 친구 알렉스 카불라코스는 이 점에 착안한 성공의 비결을 나에게 귀띔해주었다. 성공하려면 그냥 "자기 자신이 되어라"는 것이다.

투자의 귀재 제임스 알투처 역시 내면의 북소리에 맞추어 행진해야 한다는 사실을 깨달았다. 그가 나에게 해준 이야기는 당신도 그럴 수 있도록 자극제가 되어줄 것이다.

"어릴 때부터 저는 사회의 규칙을 따르도록 교육받았죠. 대체로 정당한 이유가 있어서 만들어진 규칙들이었어요. 정지 신호에서는 일단 멈추는 게 좋아요. 그래야 다른 사람이 다치지 않으니까요. 직장을 구하려면 교육은 받는 게 좋죠. 한곳에 정착해 가치를 쌓으며 자녀들에게 안정적인 놀이 장소를 마련해주려면 집을 소유하는 게 좋고요.

우리는 부모, 선생님, 상사, 심지어 친구들에게 무엇이 '이로운지' 가르침을 받았어요. 또 수조 달러의 마케팅을 통해서도 무엇이 '이로운지' 가르침을 받고 있죠. 15조 달러 규모의 주택 융자 산업도, 1조 달러 규모의 학자금 대출 산업도(교육은 이로운 것입니다!) 마찬가지고요. 1조 달러 규모의 경제를 유지하려면 엔진에 맹목적으로 연료를 공급해줄 노동자들이 필요하니까요.

그래도 다 괜찮아요. 하지만 우리는 거대한 로봇의 표준화된 부품이 아니에요. 삶을 살아가야 할 유일무이한 사람들이죠. 그래서 자신만의 규칙을 발전시키고 지켜야 해요. 우리에게 안녕, 행복, 성공을 가져다줄 규칙이요.

나를 행복하게 해줄 나만의 규칙을 스스로 생각해내지 않으면 누가 대신 생각해내겠어요? 당연히 다른 사람들이 생각해내겠죠. 그게 나에게 최선의 이익을 가져다주지 못한다는 것은 확실해요. 남들이 일부러 나를 해치려 해서가 아니라 단지 나에게 가장 좋은 건 나 자신이 가장 잘 알기 때문이죠. 나에게 가장 좋은 게 무엇인지 알려면 남의 규칙과 지침으로 먼저 실험해 보고 수많은 시행착오를 거치면서 깨달아야 해요."

그렇다면 당신의 규칙은 무엇인가? 어떻게 하면 두려움과 "이러이러해야 한다"는 주변의 가치 판단에 귀 기울이기를 중단하고 다른 누구의 의견에 상관없이 당신이 해야 할 일을 할 수 있을까?

퇴근 후 할 일

- 두려움 때문에 위험할 수도 있었던 일을 하지 않은 경우를 두 가지 생각해보라. 결과는 어떠했는가? 이럴 때는 두려움에 고마워해도 좋다.
- 할 수 있디는 마음의 준비가 되지 않아서 두려움이 들었지만 어떻게든 용기를 내어 헤쳐나간 일을 세 가지 생각해보라. 각각의 경험에서 얻은 긍정적인 점은 무엇이었는가?
- 지금 느끼는 큰 두려움을 한 가지 떠올려보라. 그게 위험으로 인한 두려움인지, 자아로 인한 두려움인지 식별해보라. 자아로 인한 두려움이란 가진 게 넉넉하지 않거나 모자란 사람이라고 느껴져서 생기는 두려움을 말한다. 합당한 두려움, 즉 심각한 피해를 가져올 수 있는 것에 대한 두려움이라면 당신을 안전하게 보호해 주는 그 두려움에 감사하라. 그게 아니라 단지 자아를 위험으로부터 보호하기 위한 두려움에 가깝다면 이렇게 이야기하라. "두려움아, 고마워. 이제부터는 내가 알아서 할게."

지금 느끼는 두려움을 배우고 성장하고 내면의 힘을 발굴할 기회라고 여겨라. 당신 내면의 떨림은 뭔가 좋은 일이 일어날 조짐이다. 두려움은 사실 당신이 다음에 해야 할 일을 미리 보여주고 있다. 두려움에서 느껴지는 감각 자체는 마음먹기에 따라 설렘과 크게 다르지 않다. 다음 장에서 두려움을 극복할 방법에 관해 다룰 예정이지만 일단은 성장에 꼭 필요한 요소로서 두려움을 인정하고 존중하도록 하자. 어떤 사건이 두려웠지만 지나고 보

니 그다지 걱정할 필요가 없었음을 깨달았던 경우를 다섯 가지 떠올려보라. 대중 연설, 임금 인상 요구, 어떤 문제에 대해 친구나 친척에게 정면으로 맞서기도 해당될 수 있다.

일이 어떻게 해결되었는가?
그 일을 해내서 기쁜가?
이런 일을 겪어보니 다음에는 어떻게 해야겠다는 생각이 드는가?

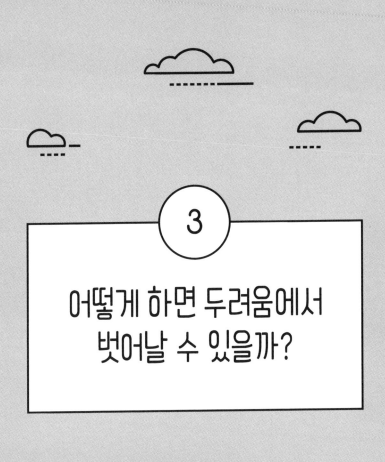

3

어떻게 하면 두려움에서 벗어날 수 있을까?

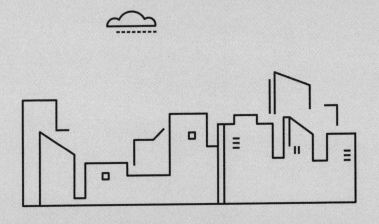

"나는 우리 모두가 두려움에서 자유로워지길 바란다.

여러 가지 이유가 있지만 가장 큰 이유는

두려움은 인생을 너무 지루하게 만들기 때문이다.

두려움은 당신에게 멈추라고만 말한다.

이에 반해 창조성, 용기, 영감은 당신이 계속 나아가기를 바란다."

엘리자베스 길버트
『먹고 기도하고 사랑하라』 저자

—

"두려움은 대부분 자신의 정신 능력을 잘못 관리한 결과일 뿐이다."

브렌던 버처드
동기 부여 저자

손에는 땀이 흘렀다. 가슴은 쿵쾅거렸다. 나는 거울을 들여다보며 물었다. "너는 왜 이렇게 항상 미친 짓을 하는 거니?" 절벽에서 뛰어내리려는 게 아니었다. 불법을 저지르려는 것도 아니었다. 《마리끌레르》 잡지를 대신해 스팽스Spanx* 창립자인 자수성가한 억만장자 세라 블레이클리를 인터뷰하려던 참이었다.

내 기준에 《마리끌레르》는 어려서 구입할 돈이 없었던 시절부터 언제나 세상에서 가장 멋진 출간물 중 하나였다. 나는 저널리스트가 아니다. 기자 학교에 다니지도 않았다. 대학을 졸업하지도 못했다. 하지만 많은 시간, 인내, 노력을 들여 세계에서 제일 신뢰할 만한 출판사를 대신해 세계에서 제일 성공했다고 꼽히는 여성과의 인터뷰를 따낼 수 있었다. 나는 긴장한 상태였고 몹시 초조했지만 전화를 연결했고 인터뷰가

---

* 미국의 보정 속옷 브랜드로 발 없는 보정 스타킹을 최초로 만들어 엄청난 인기를 끌었다. —편집자 주

시작되었다. 지구상에서 똑똑하다고 손꼽히는 기업인 중 한 명과 42분간 통화를 했다. 어떻게 됐냐고?

훌륭하게 마무리되었다. 나는 세라의 말에 완전히 몰입했다. 그녀가 오랜 친구처럼 느껴질 정도였다. 실제로 세라는 멋지고 감동적이었으며 재미있고 진지했다. 내 기사는 독자들에게 좋은 반응을 얻었고 스팽스 팀은 이 기사를 자사 홈페이지에도 게시했다. 세라는 내게 감사의 표시로 샴페인까지 한 병 보내주었다.

나는 여러 가지 상황에서 비슷한 두려움을 느낀 적이 있었다.

- 무상 급식을 받는 아이들을 대변해서(나도 그들 중 하나였다) 부당한 시스템을 바꾸어 달라고 교장 선생님을 찾아갔을 때. 우리는 다른 아이들 앞에서 급식 아주머니에게 "우리 집은 정말 가난해요"라는 의미가 명백한 표지를 제시해야만 했고, 이것은 굴욕감이 드는 일이었다.
- 영업직 시절 뉴욕과 워싱턴 D. C.의 회의실에 모인 스무 명 넘는 사람들 앞에서 발표를 할 때.
- 호주의 인기 TV 프로그램이 진행하는 생방송 인터뷰에 출연해 원하는 것을 요구하는 방법에 대해 이야기할 때.
- 뉴욕 시내의 한 레스토랑에서 배우 제이크 질렌할을 목격하고 가까이 다가가서 인사를 할까 말까 망설였을 때.

그는 기분 좋게 인사를 받아주었다.

- 아무 인맥도, 취업 기회도, 근로 허가도 없이 뉴욕에 도착했지만 일자리를 얻으려면 면접에서 반드시 당당한 모습을 보여주어야 한다는 걸 깨달았을 때.

- 높은 보수를 받는 회사 일을 관두었을 때. 나는 계획이 있었고 굳은 믿음이 있었으며 뼈가 빠지게 일할 각오가 되어 있었는데도 겁이 났다.

- 재혼할 때. 이번만큼은 잘 될 거라는 확신이 있었지만 그래도 첫 번째 경험 때문에 두려운 마음이 들었다.

- 방송인 크리스 제너와 가수 켈리 오즈번을 인터뷰했을 때. 그때도 《마리끌레르》 기사를 위해서였다. 둘 다 아주 솔직했고 놀랄 만큼 시원시원했다.

여기서 얻을 수 있는 교훈은 뭘까? 인생의 운전석에 앉은 사람은 당신의 두려움이 아니다. 바로 당신이다. 두려움을 뿌리 뽑으려고 파크 애비뉴의 심리치료사에게 아무리 많은 돈을 지불해도 두려움은 항상 당신을 따라다닐 것이다. 하지만 두려움에게는 통제력이 없다. 통제력은 당신에게 있다.

인생과 성장에 관한 멋진 사실은 새로운 도전에 더 많이 임할수록 두려움이 잦아든다는 것이다. 두려움보다 더 큰 욕구에 주도권을 맡기면 두려움은 갈 곳이 없어져 뒤로 물러날 수밖에 없다. 행동에 직면하면 두려움은 해소된다. 이 사실은 분명하다. 하지만 두려움은 절대로 인생에서 영원히 사라지지 않을 것이다. 그건 불가능하다. 나는 차라리 이렇게 생각하고 싶다. 인생에 두려움이 없다면 세상에 더는 할 일이 아무것도 남아 있지 않은 거라고.

인생의 어느 시점에 당신이 첫 키스를 두려워했었다는 걸 기억하라. 집을 떠나기가 두려운 적도 있었을 것이다. 처음 학교에 간 날이 두려웠고 그다음에는 첫 출근일이 두려웠을 것이다. 하지만 어쨌든 앞으로 나아가지 않았는가? 그때 느꼈던 두려움은 당신이 오늘 느끼는 두려움과 똑같다. 상황이 기졌을 뿐이다.

두려움의 본질은 당신을 보호하는 것이다. 인간은 파충류 뇌 때문에 위험할 수 있는 새로운 상황이 닥치면 일단 안전하게, 멀리 떨어지고 싶어 한다. 결국 두려움은 99퍼센트 불필요한 상황에서 불쑥 튀어나온다.

두려움에 결코 압도될 필요는 없다. 대개의 경우 두려움은 다음에 해야 할 일을 가르쳐준다. 내 친구 몰리는 얼마 전 좋아하는 말이라며 두려움에 관한 두 가지 격언을 나에게 알려주었다. 하나는 "불공평하게도 우리는 겁나는 일을 하기 전이 아니라 하고 난 뒤에야 그 일을 할 용기를 얻는다."였고, 다른 하나는 "용기는 두려움이 없는 상태가 아니라 두려움보다 더 중요한 것이 있다고 판단하는 상태다."였다. 그런가 하면 라이프스타일 웹사이트 마인드바디그린mindbodygreen의 최고경영자 제이슨 와코브는 일이 잘 안되면 어쩌나 하는 두려움을 극복하는 자신의 능력에 관해 다음과 같이 설명했다. "저는 스타트업을 창업한 적이 있고 초기 단계의 스타트업에 참여했다가 실패한 경험도 있어서 실패하더라도 세상이 끝나지 않는다는 걸 알았어요. 또 겨우 열아홉 살 때 아버지가 심장마비로 돌아가시기도 했는데, 어릴 때 부모님을 잃으면 엄청나게 충격을 받지만 그 후에 나름대로 극복하게 되더라고요. 그런 슬픔을 겪고 나면 실패나 거절 따위는 대수롭지 않은 일로 느껴지죠."

과도하게 남용되는 격언이 있다. "네 자신을 믿어라."라는 격언이다. 자기 회의가 고개를 쳐드는 순간 자신을 믿기란 쉽지 않다. 그러므로 부업을 현실화할 때는 "네 일을 믿어라."로 모드를 바꾸어보라. 과중한 업무에 시달린 어느 목요일, 당신은 사무실에서 힘든 하루를 보내고 집에 돌아와 불만에 가득 찬 부업 고객을 만날지도 모른다(이런 일은 분명히 발생할 것이고 그래도 괜찮다). 기분은 울적하고 몸은 피곤하고 서글픈 마음이 들면서 '내가 대체 왜 이러고 있지?'하는 의문이 절로 고개를 쳐든다. 포기하고만 싶고, 그냥 잠이나 자든가 눈이 벌게지도록 텔레비전이나 보았으면 싶다. 그러나 그런 고비를 넘기고 나면 머지않아 사무실에서도 기분 좋은 하루를 보내고, 환하게 웃는 고객을 만나고, 상상했던 것보다 더 많은 현금이 한 달 안에 계좌로 입금되는 날이 올 것이다.

힘든 순간이 오면 당신에게 가장 중요한 게 무엇인지 자문해보라. 꿈을 향해 달려가는 것인가, 힘든 하루가 (혹은 힘든 날들이) 알아서 지나가게 숨죽이고 버티는 일인가? 하고 싶은 일을 하는 사람이 되는 것인가, 아니면 생기지도 않을 프레너미 frenemy*의 비판을 걱정하는 것인가?

이제는 실행에 나설 때다.

부업을 가로막는 걸림돌을 돌파하기 위해 당신은 오늘까지, 그리고 이번 주까지 무엇을 할 것인가? 그 대본을 쓸 것인가? 항상 시작해야지, 꿈만 꿔오던 음식 블로그를 위해 URL을 구입할 것인가? 결혼 중매 서비스, 퍼스널 브랜딩 사업, 혹은 라이프 코칭 서비스를 개시한다고 알릴 사람들의 이메일 연락처 목록을 만들 것인가?

작은 발걸음을 떼어라. 오늘 시작하라. 스스로에게 두 개의 데드라인을 부여하라. 24시간 데드라인과 7일 데드라인을 정해 놓고 부업을 시작하거나 발전시키기 위한 두 걸음을 떼어라.

★　친구(friend)인 척하는 적(enemy). ─역주

"문제가 있을 때마다 이 말을 계속 되풀이하라. '전부 잘 될 것이다. 모든 것이 나에게 가장 좋은 방향으로 돌아가고 있다. 지금 상황에서 오직 좋은 일만 일어날 것이고 나는 안전하다.' 이 간단한 긍정의 말은 당신의 인생에 기적을 일으킬 것이다."

루이스 헤이
동기 부여 강사, 출판사 헤이 하우스 창립자

나는 라이프 코치 겸 작가로서 부업을 시작하기 전에 우울한 상태였다. 오해하지는 말라. 오랫동안 나는 영업 일을 정말 사랑했고 실력도 뛰어났다. 광고계에서 일하면서 친분도 많이 쌓았다. 덕분에 나와 남편은 남부럽지 않은 생활을 할 수 있었다. 여행을 다니고, 사람들을 만나고, 멋지고 혁신적인 온라인 제품들을 접하면서 재미있게 지냈다. 나는 그 모든 일에 감사했다.

하지만 나는 그 일에서 내가 원했던 모든 것을 배우고 통달한 상태였다. 임원이 되어 경영에 관여하고 싶지도 않았다. 다른 회사에서 다른 제품을 팔고 싶지도 않았다(내 친구의 농담처럼 다른 변기에 똑같은 똥을 싸고 싶지는 않았다). 나는 너무나 익숙해져 버린 것을 버릴 준비가 되어 있다는 사실을 마음속 깊이 알고 있었다. 어떠한 변화도 보이지 않자 가슴 속에서 심장이 쿵쿵거렸고 어떤 날은 통증까지 느껴졌다. 시인이자 철학자 마크 네포Mark Nepo는 이 현상을 기막히게 잘 정리했다. 인생은 '배움, 통달, 포기'의 끊임없는 사이클이라는 것이다.

나는 새롭게 배우고 통달할 무언가를 원했다! 반신반의하는 마음으로 인터뷰 교육을 몇 번 받아보고 난 뒤에야, 제대로 한번 부업을 시작해보기로 결심이 섰다. 그래서 뉴욕시에서 활동하는 한 라이프 코치의 웹사이트를 찾았고 그분께 점심을 함께하면서 일에 관한 이야기를 나눌 수 있겠는지 물었다. 또 다른 코치에게도 똑같이 했다. 나는 그들과의 만남이 행복했다. 그들은 내 시야를 열어주었다. 그들은 자기 일에서 진심으로 의미를 느꼈다. 게다가 전업으로 그 일을 하고 있었다! 자신만의 스케줄대로 움직였고(자유!) 하루 종일 사람들에게 도움을 주었다. 나는 접수 기간이 시작되자마자 뉴욕대학교에 등록했고, 그렇게 라이프 코칭의 길에 발을 들여놓았다.

이 무렵 나는 서른 살이 되었다. 라이프 코칭에서 서른은 '초보 성인기'를 벗어나는 나이로 규정된다. 내 느낌도 딱 그랬다. 내 인생과 진짜 일에 대해 진지해질 때였다. 나는 10년이 지난 후에도 이런(혹은 훨씬 더 나쁜) 상태로 살고 싶지는 않았다. 체중이 불어난 상태였고 술도 많이 마셨다. 오랜 시간에 걸쳐 아주 천천히 벌어진 일이라 미처 깨닫지 못하고 있었을 뿐이었다. 혹시 이런 이야기가 친숙하게 느껴지는가? 주의를 기울이면 무언가 달라져야 한다는 신호가 보인다. 당신은 무엇을 놓치고 있는가? 운동에 대한 열정을 잃어버렸는가? 혹은 스트레스에 대한 과잉 보상으로 미친 듯이 운동하고 있는가? 피곤하다는 핑계로 초대를 사양하고 세상에서 은둔하고 있는가? (물론 자기 자신을 돌보고 무엇보다 중요한 혼자만의 시간을 갖기 위해 거절하는 경우와 혼동해서는 안 된다.) 친구들은 요즘의 당신과 몇 년 전 생기 넘치고 삶에 대한 열정이 뜨거웠던 당신 사이에 차이가 느껴진다고 이야기하는가?

부업이 본격적으로 진행되고 수익까지 나기 시작하자 나는 삶에 대한 열정이 다시금 새로워지는 걸 느꼈다. 모든 게 새롭게 다가왔다. 심지어 내 본업까지 다시 즐거워지기 시작했다! 나는 그것이 '진짜 커리어'의 징표라고 생각했다. 나는 라이프 코칭이라는 새로운 시각으로 의뢰인, 동료, 친구를 비롯한 모든 사람을 보았다. 기분도 몸도 한결 가벼워졌다. 나는 스스로를 라이프 코치라고 소개하기 시작했다. 회사 고객들과 동료들도 나를 보고 기뻐했다! 나는 두 세계를 자유자재로 배합했다. 사람들은 나에게 좋아 보인다고까지 말했다. 내가 좋아 보이는 건 내 기분이 그대로 반영된 결과였다. 실제로 기분이 좋았기 때문에 좋아 보이는 것이었다.

4년 가까이 공들여온 스타트업이 AOL^America Online, Inc.에 매각되었을 때, 나는 AOL이 허핑턴포스트의 소유주이기도 하다는 사실을 깨달았다. 그럼 내가 누구에게 이메일을 보냈을까? 아리아나 허핑턴이었다! 그래서 그녀는 어떻게 했을까? 아리아나는 아주 상냥한 태도로 내가 보낸 샘플 기사에 칭찬을 아끼지 않았고, 허핑턴포스트의 기고가로 활동할 수 있도록 편집자를 한 명 붙여주었다. 그렇게 해서 지금 '건강한 라이프스타일' 섹션에서 왕성하게 글을 쓰고 있는 사람이 누구일까? 바로 나다! 어쩌면 당신도 그 기사를 통해 처음 나를 알게 되었을지도 모르겠다. 그 후로 나는 아리아나를 두 번 인터뷰했고 그녀는 소셜 미디어에 두어 번 내 기사를 직접 공유해 주기도 했다.

여기서 얻을 수 있는 교훈은 두 가지다.

1. **인맥이 풍부해야 한다.** 당신의 인맥 가운데 창업으로 가는 여정에서 중대한 연결고리 역할을 해줄 사람은 누구인가?
2. **저명한 사람들은 생각보다 접근하기 쉽다.** 사람들이 그들에게 다가갈 생각을 하지 않기 때문이다.

나는 '동료' 아리아나와 정말 친한 사이가 되었다. 눈을 크게 뜨고 살펴보기만 한다면 사방에 기회가 널려 있다. 누구를 멘토로 삼을 수 있는가? 부업은 당신을 긍정적이고 진취적이며 매력 넘치는 사람으로 만들어준다. 부정적이고 꽉 막힌 태도로는 이 엄청난 기회를 결코 붙잡을 수 없다. 사례는 비일

비재하다. 일례로 시카고에 사는 내 의뢰인 한 명은 빌린 작업실에서 몇 시간 동안 작품을 만들다가 신이 나기 시작했다. 그녀의 예술적인 부업은 그녀로 하여금 다시 태어난 듯 상쾌한, 그리고 살아있다는 느낌을 들게 만들었다. 그녀는 소호 하우스에서 점심 휴식을 즐기다가 바에서 낯선 사람과 우연히 대화를 시작했다(그날 그녀는 사람의 마음을 끄는 힘이 넘쳤다. 부업의 가장 아름다운 부작용이다). 알고 보니 그도 역시 잘 나가는 갤러리를 소유한 아티스트였다. 운명처럼 만난 두 사람은 친구가 되었다. 지금은 그녀가 그의 갤러리에서 데뷔 작품을 준비하는 등 경제적 도움까지 주고받는 친구 관계를 유지하고 있다. 여기서 깨달을 수 있는 진실은 (진심을 다해!) 부지런히 몸을 움직일수록 행운이 찾아올 가능성이 높아진다는 것이다. 만약 그녀가 토요일 아침 인스타그램에만 매달려 있었다면 이 우연한 마주침은 아득한 꿈으로 남았을 것이다. 하지만 상황은 착착 맞아떨어지기 시작했다. 자기 자신에 대해 믿음을 갖기 시작하면 쉽사리 그렇게 되는 경향이 있다.

그러면 이제부터 세부 사항을 살펴보자. 우리는 실패에 대한 두려움을 빨리 극복해야 한다. 구직 웹사이트 더 뮤즈의 공동 창립자 알렉스 카불라코스는 동료 캐스린 민슈와 함께 사업을 진척시키게 된 일에 관해 다음과 같이 말했다.

"저희도 분명 실패가 두려웠고 날이면 날마다 수없이 거절을 당했습니다. 지금도 그렇고요. 하지만 최악의 시나리오를 떠올려보니 일이 간단해졌어요. 만약 우리가 모든 것을 쏟아붓고 시도를 거듭했는데도, 일이 잘 풀리지 않고 빚을 지고 친구나 가족에게 얹혀 살고 마침내 꿈을 접어야 하는 상황이 오면 어쩌지? 고통스러울까? 당연히 그렇겠지. 하지만 회복하지 못할 고통은 아닐 거 같아. 만약 그런 일이 일어나면 우선 수입이 괜찮은 일자리를 구해서 빚을 갚고 그다음에 할 일을 결정하자. 바라는 결과는 아니었지만 일이 얼마나 틀어질 수 있는지 생각해 봄으로써 저희는 그게 기꺼이 감수할 만한 위험이라는 걸 깨닫게 됐어요. 만약 최악의 상황이 벌어지더라도 그대로 이야기가 막을 내리는 건 아니었으니까요."

부업을 시작할 때 벌어질 수 있는 최악의 사태는 대충 다음과 같다.

- 준비 비용으로 돈을 날린다.
- 부업 아이디어에 대한 처음 생각이 달라진다.
- 부업에 관해 이야기하면 사람들이 비웃는다.
- 무엇을 해야 하는지, 혹은 어떻게 시작해야 하는지 모른다.
- 시작했다 금방 관둔다.
- 전혀 수익을 내지 못한다.
- 회사/상사가 협조적이지 않다.

- 열정이 기대에 못미친다.
- 부업에 대한 역량이 딱히 뛰어나지 않다.
- 누군가에게서 "그러게 내가 뭐랬어."라는 말을 듣는다.

아마도 벌어질 수 있는 진짜 최악의 상황은 부업이 잘 되어서 풀타임으로 집중하기 위해 본업을 그만두었는데 어찌된 영문인지 새로운 수입 흐름을 경제적으로 유지하기가 불가능한 경우일 것이다. 하지만 그러면 뭐 어떤가? 만약 실패할 경우, 다른 일자리를 구하고 나서 다시 생각해 보면 된다. 네트워크를 잘 유지할 경우 특히 그렇다! 사람들과 연락하고 지내는 것은 그래서 중요하고, 그렇게 할 때 직장 생활에서 돌이키지 못할 일은 거의 없다.

내 친구 숀 베어는 다음과 같은 가르침을 주었다. "야구라는 경기는 실패와 거절에 대해 훌륭한 교훈을 제공해 줍니다. 세계 최고의 야구 선수라도 공을 칠 때 70퍼센트는 실패하죠. 야구 선수는 실패하더라도 계속 침울해하지 않아요. 패배감이 오래가지 않죠. 타석에 설 기회는 또 오니까요. 저는 이것이 자기 사업을 시작하려는 사람들을 위한 좋은 비유라고 생각합니다." 얼마나 멋들어진 관점인가! 사람들이 의지할 부업이 없는 상태에서 일자리를 잃기도 한다는 걸 기억하자. 또, 하던 일을 관두고 시작했던 새로운 모험이 끝나면 나중에 다른 일을 찾기도 한다. 부업을 추진히디 보면 자신에 세 훨씬 많은 권한이 있다는 걸 알게 되고, 따라서 인생의 불가피한 난관에 보다 능동적으로 대처할 수 있다. 나는 두려움과 자유에 관해 제임스 알투처가 한 말이 무척 마음에 든다.

"내가 가장 원하는 것은 '안녕well-being**'이다.**
- 내가 사랑하는 일에서 역량을 꾸준히 개선한다.
- 내가 사랑하는 친구나 사람들과의 관계를 꾸준히 개선한다.

자유를 향해 끊임없이 나아가라. 아무런 걱정이나 스트레스노 나를 끌어내릴 수 없는 그 느낌, 나에게 이로운 결정을 내리고 그게 무엇이든 그에 따라 행동할 수 있다는 느낌을 주는 자유 말이다."

사기꾼 증후군에 관한 중요한 사실

자유를 향한 여정을 시작할 때 경계해야 할 요소가 또 하나 있다. 바로 사기꾼 증후군impostor syndrome이다. 이것은 두려움을 따라다니는 교활한 친구로, 누군가가 부업을 시작하거나 창업으로 돈을 벌지 못하게 방해하는 주범이다. 당신 주변에 도사리면서 자신감을 갉아먹는 이 교활한 친구를 경계하라. 사기꾼 증후군에 시달리는 사람은 스스로 성취의 단 열매를 누릴

만한 자격이 없다고 느끼거나 과연 사업을 시작할 만한 처지에 있는지 의심을 품는다. 성공을 경험하더라도 자신이 능력 있다고 여기게끔 남들을 잘 속였을 뿐이고 자신이 이룬 성취는 순전히 우연이나 적절한 타이밍 때문이라고 여기기도 한다. 자신의 재능을 인정하지 못한다는 것은 스스로 가짜 혹은 사기꾼이라고 느낀다는 뜻이다. 그 정도 성공을 이룰 만한 인물이 아니라는 사실이 조만간 드러나리라 겁낼 수도 있다. 무수히 많은 잠재성 높고 멋진 부업들이 끝내 싹도 틔우지 못하고 사장되는 이유가 바로 여기에 있다. "내가 뭐 대단한 사람이라고……" 하는 생각 말이다.

뛰어난 성취를 이룬 여성들에게 가장 흔하게 나타나는 사기꾼 증후군은 우리가 성공을 만끽하지 못하게 방해할 뿐 아니라, 우리의 잠재력을 크게 저해한다. 자신이 쓸모없고, 사기꾼처럼 느껴져 멋지고 새로운 기회와 창의력 넘치는 아이디어를 지레 포기해 버린다. 사기꾼 증후군은 수많은 가능성의 싹을 잘라버린다.

당신 이야기 같은가? 내가 항상 듣는 핑계도 이와 크게 다르지 않다(기분이 처지는 날 나도 그런 핑계를 댈 때가 많고). 내가 코칭하는 사람들은 항상 다음 단계에 대한 "준비가 되지 않았다"고 이야기한다. 다른 도시로 이사할 준비가 되지 않았다고, 벤처 회사를 창업할 준비가 되지 않았다고, 온라인 데이트 서비스를 시작할 준비가 되지 않았다고, 멍방 있는 기업의 직책에 지원할 준비가 되지 않았다고 말한다. 그러나 사실 완벽하게 준비된 때는 영영 오지 않는다. 이 세상에서 원하는 바를 손에 넣는 사람들은 어쨌든 전진한다. 저자 수잔 제퍼스의 말을 빌자면 그들은 "두려워도 어쨌든 도전한다." 아무것도 잃을 게 없고 행동을 취함으로써 얻을 수 있는 게 훨씬 많음을 알기 때문이다. 그리고 도전은 많이 해볼수록 점차 쉬워진다. 상당히 짜릿한 느낌이 들기도 한다. 나는 새로운 나라로 거처를 옮기고, 직장을 그만두고, 창업 프로젝트를 시작할 때만큼 살아 있음을 느낀 적이 없었다. 그러니 '넌 재능이 없어.' 혹은 '꿈을 성공시킬 만큼 똑똑하지 않아.'라는 악마의 속삭임이 들려온다면 그건 현실이 아니라 머릿속의 생각에 불과하다는 걸 기억하라.

두려움을 던져버리고 스스로 이렇게 질문해보아라. 나의 훌륭함을 믿고 일을 시작할 경우 벌어질 수 있는 가장 좋은 일은 무엇인가? 알아보는 방법은 딱 한 가지밖에 없을 듯하다.

퇴근 후 할 일

당신의 우려를 전부 적어본다. 하지만 거기서 중단하지 않는다. 이렇게 계속 질문해 보라. '그러면 어떻게 되는데? 그다음은 어떻게 되는데?' 계속 써내려가라. 만신창이가 된 채 길바닥에 나앉지는 않을 거라 장담한다.

4

부업을 찾는 방법

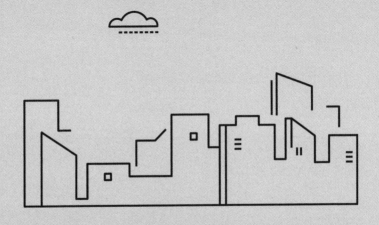

"부업은 반드시 사랑하는 일이어야 한다.

밤에도, 주말에도, 그리고 자투리 시간이 나는 대로

매달리게 될 일이기 때문이다."

킴벌리 파머
『당신이라는 경제The Economy of You』 중에서

—

"중요한 문제를 해결하라.

회사 일을 하든, 창업을 하든, 중요한 문제를 해결하라.

사람들을 위해 문제를 해결하면 그들은 당신과 함께 일하고 싶어 하고,

당신의 제품이나 서비스를 사주고,

거기에 대한 보상을 지불하려 할 것이다."

손 베어
기술 기업 창립자

내가 인터뷰한 사람들 중 부업으로 크게 성공을 거둔 이들은 초기 비용이 거의 들지 않고, 규모가 커짐에 따라 쉽게 확장이 가능하며, 본업과 잘 맞아떨어지고, 자신의 열정과 창의성을 십분 활용하며, 무엇보다도 마음껏 즐길 수 있는 사업을 구축했다.

앞서 살펴본 바와 같이 부업의 장점은 무궁무진하다. 경제적 자유, 창작의 자유, 흥미에 부합하는 일을 한다는 기쁨, 자칫 본업이 틀어질 경우 주어지는 더 넓은 선택의 폭, 자신이할 일을 스스로 결정하는 스릴 등이다. 하지만 어떤 사업 아이디어를 현실화해야 할지 어떻게 알 수 있을까?

사업을 시작하게 되는 계기는 셀 수 없이 많다. 이를테면번뜩 떠오른 아이디어, 직장 생활에 대한 불만, 예상치 못한인생의 사건 등으로 사업을 시작한다. 『웰스Wellth: How I Learned to Build a Life, Not a Résumé』의 저자인 내 친구 제이슨 와코브의 경우건강 악화가 계기였다.

"다른 회사를 운영하면서 자본금을 조달하려고 애쓰던 중이었는데, 허리의 추간판 두 개가 탈출해서 좌골 신경을 누르고 있다는 걸 알게 되었어요. 거의 걸을 수가 없었고 허리 수술을 받아야 할 지경이었죠. 아마도 대학 시절 농구를 하다가 입은 부상이 오래된 데다 스트레스가 겹쳤고 1년에 16만 킬로미터 넘게 비행기를 탄 것도 영향이 있지 않나 싶었어요. 2미터 가까운 키를 비좁은 비행기 좌석에 욱여넣는 건 아무래도 몸에 부담이 되니까요. 어떤 의사가 수술을 피하려면 요가를 한번 해보라고 추천하더라고요. 그래서 매일 요가를 수련하기 시작했고, 효과가 너무나 좋아서 깜짝 놀랐어요. 그때부터 저는 좀 더 전체론적holistic*인 생활방식에 관심을 갖게 되었어요. 유기농 식품을 먹고 유독한 가정용품을 내다버렸죠. 명상을 하기 시작했고, 감사 연습도 시작했어요. 그랬더니 불과 몇 개월 만에 허리가 (수술 없이) 씻은 듯이 나았어요. 저에게는 진정한 깨달음의 순간이었죠. 저는 체중 감량이나 멋진 몸매가 건강이 아니라는 걸 깨달았어요. 건강은 우리가 몸, 정신, 환경을 대하는 방식이 종합적으로 어우러져 나타난 결과물이었어요. 거기서 영감을 얻어 마인드바디그린을 시작하게 됐죠."

---

* 생명 현상의 진체성을 강조하고, 전체는 단순히 부분의 총합으로서는 설명할 수 없다는 이론. ―편집자 주

또 다른 친구 루파 메타는 뉴욕의 피트니스 회사 날리니 메소드Nalini Method의 창립자로, 사업을 시작하게 된 계기에 관해 다음과 같이 말했다.

"20대에 인생의 갈림길에 서 있었어요. 버지니아 고향 마을의 안락함으로 돌아갈 것인지, 모험심과 열정을 따라 뉴욕에 남을 것인지 마음이 갈팡질팡했죠. 제 귓가에 계속해서 맴도는 소리는 '가르치는 일을 해야 해.'였어요. 분명히 위험이 따르는 모험이었지만 저는 마음의 소리를 따라 온몸으로 뛰어들 수 있는 일을 하고 싶었어요. 날리니 메소드는 대도시 안에 안식처를 만들고픈 욕구를 바탕으로 시작되었어요. 고객들이 '고향'이라고 부를 만한 스튜디오를 만들자는 생각이었죠. 저는 평생 가르치는 일을 하지 않고 살 수 없다는 걸 알았어요. 그래서 집, 교육, 운동에 대한 애정을 결합한 사업을 시작하게 됐죠."

핵심은 꿈을 이용하는 것이다. 어떤 꿈이든 상관없다. 건강관리의 중요성을 설파하는 일이든, 누군가를 가르치는 일이든, 가능성은 활짝 열려 있다. 사실 창업을 하기에 역사상 이보다 더 좋은 시기는 없었다. 세스 고딘은 지금 이 시대에 살아 있다는 것이 "일생일대의 기회"라고 했다. 그의 말이 옳다. 하지만 이용하지 않는 기회는 무용지물에 불과하다.

자신만의 부업을 시작하고 싶지만 어디서부터 시작해야 할지 몰라 나를 찾아오는 의뢰인들이 있다. 그들을 대상으로 내가 사용하는 방법을 여기 소개한다. 오랜 시간을 두고 효과가 입증된 이 방법을 나는 '스킬 증류법Skill Distiller Formula'이라고 부른다.

(돈이 되는) 스킬을 발견하기 위한 3단계 증류법

내가 스킬 증류법을 만든 이유는 의뢰인들이 자기 내면에 이미 가지고 있는 강점을 알아보도록 돕기 위해서였다. 이 방법을 사용하면 3가지 간단한 단계를 통해 부업 전략의 토대가 될 스킬을 발견할 수 있다.

1. 당신이 해결한 중요한 문제 혹은 당신이 이룬 성과를 세 가지 떠올려본다.

반드시 업무 관련이어야 할 필요는 없다. 남의 눈에 인상적인 일이어야 할 필요도 없다. 당신이 해내서 자랑스러웠던 일 세 가지, 혹은 해결해서 뿌듯함을 느꼈던 문제를 세 가지만 브레인스토밍하면 된다.

몇 가지 예를 들면 아래와 같다.
- 한 달 만에 완벽한 조건의 집을 찾아 예산보다 25,000달러 싸게

구입했다.

- 제일 친한 친구가 정말 힘든 이혼 과정을 잘 겪어낼 수 있게 도왔다.
- 여동생이 일자리를 찾느라 고군분투 중이었는데 보수가 좋고 마음에 쏙 드는 직장을 구할 수 있게 도와주었다.
- 우리 과에서 최우수 성적으로 대학을 졸업했다.
- 완전히 혼자만의 힘으로 유럽 배낭여행을 마쳤다.

목록을 작성했다면 2단계로 넘어가자.

2. 그 세 가지를 달성하는 데에 도움이 된 스킬이 무엇인지 파악한다.

잠시 자신을 객관화시켜 바라볼 필요가 있다. 겸손한 사람들, 혹은 사기꾼 증후군에 시달리는 사람들은 이 단계를 정말 힘들어한다. 자신의 성취를 낮추어 말하는 데 익숙한 사람들은 자신이 작성한 목록을 보면서 이렇게 이야기하기도 한다. "제가 딱히 특별한 일을 해서 이런 결과가 나온 건 아녜요."

하지만 당신은 분명 특별한 일을 했다. 위에 나열한 세 가지 멋진 일들이 가능했던 건 당신의 강점과 스킬 덕분이었다. 누구나 그런 일을 할 수 있는 것은 아니며, 당신과 똑같은 방식으로 할 수 있는 사람은 아무도 없다.

우리는 그동안 해낸 모든 일과 할 수 있는 모든 일에 관해 시간을 갖고 차분히 생각해 보는 일이 좀처럼 드물다. 하지만 부업을 성공적으로 키우고 싶다면 자신의 강점을 인지하는 이 단계가 반드시 필요하다.

어떤 성과를 올리기 위해, 혹은 어떤 문제를 해결하기 위해 당신이 동원한 모든 능력을 떠올려보라.

앞서 나열한 사례 중 하나를 예로 들어 생각해보자. 당신은 여동생의 취업을 돕기 위해 주변 사람들의 근황을 수소문해보았다. 자신의 직장을 사랑하는 친구들에게 채용 계획을 문의하고 조언을 얻었다. 적절한 인맥 사이에 다리를 놓아 여동생이 훌륭한 회사에서 일할 수 있는 멋진 기회를 찾아 주었다.

당신은 세부 사항까지 하나하나 챙기는 꼼꼼함으로 여동생의 이력서를 빛이 나게 다듬었다. 여동생이 자신을 회사의 자산으로 어필해 면접에서 좋은 인상을 남길 수 있도록 도왔다. 또 너무 저돌적이지 않으면서도 자신감 있게 후속 대응하는 요령도 가르쳐 주었다.

돌이켜 생각해보니, 당신은 주변 사람들이 목표를 달성할수 있게 돕는 데 뛰어난 재능이 있다는 걸 깨닫게 되었다. 스스럼없이 질문을 던지고, 위치 선정 능력이 뛰어나며, 좋은 인맥을 활용할 줄 안다. 이런 것들은 모두 당신이 활용하기만한다면 수익성 높은 부업의 밑바탕이 되어줄 너무나도 귀중한 능력이다.

혹은 주택 구매의 경우라면 당신은 능숙하게 조사를 수행하고 많은 정보를 종합해 해당 지역 부동산의 상대적 가치를 판단했을 것이다. 또한 협상을 훌륭하게 진행하고 스트레스를 받는 상황에서도 감정에 앞서 판단을 흐리지 않고 차분함을 유지했을 것이다.

3. 스킬을 새로운 방식으로 활용할 수 있는 방법을 생각해본다.

부업을 성공시키려면 당신이 가진 능력으로 할 수 있는 최선을 다하는 것이 중요하다. 당신의 능력은 이미 이룬 성과들을 통해 입증되었다. 이번에는 그 능력을 가급적 최선의 방식으로 활용할 수 있는 방법을 브레인스토밍해 보자.

가령 일요일마다 2시간 동안 100달러를 받고 뜨개질하는 방법을 가르쳐주는 뜨개질 모임을 시작하고 싶다고 치자. 뜨개바늘을 부지런히 놀리려면*재능을 어떻게 활용할 수 있을까?

스스럼없이 질문을 던지는 능력은 부업을 키워 나가는 데에 커다란 강점이 될 것이다. 주간 모임을 시작하는 방법에 관해 누구에게 조언을 구할 수 있는가? 비슷한 일을 해본 사람 중에 누가 당신을 이끌어줄 수 있는가? 피해야 할 뜻밖의 함정을 누가 지적해줄 수 있는가?

---

* 'move the needle forward'는 꾸준히 앞으로 나아간다는 뜻이 있음. 여기서는 중의적인 의미로 사용됨. —역주

인맥과 강한 공동체 의식에 기대는 것도 좋은 방법이다. 누구를 초대하여 모임에 가입시킬 수 있는가? 삽시간에 소문을 퍼뜨려줄 사교계의 마당발은 누구인가? 당신의 새 모임에 관한 특집 기사를 실어줄 수 있는 《크리에이티브 니터스Creative Knitters》잡지의 관계자를 누가 알고 있는가? 당신은 친구들이 자기 회사 인사 담당자에게 여동생을 추천해주고 싶은 마음이 들게 만든 적이 있다. 똑같은 성향을 어떻게 활용해야 사람들이 뜨개질 모임에 대한 입소문을 퍼뜨리게끔 자극할 수 있는가? 어떻게 하면 사람들이 신이 나서 당신의 모임에 참여하려 할 것인가?

당신의 강력한 위치 선정 능력과 후속 대응 능력은 장소를 물색할 때 값진 효과를 발휘한다. 임대인에게 그 공간을 당신의 모임이 사용하게 허락해주면 득이 되리라는 걸 어떻게 보여줄 수 있는가? 질척댄다는 느낌을 주지 않고 "좋습니다."라는 대답을 이끌어내려기 위해 어떠한 후속 대응을 할 수 있는가?

혹은 온라인으로 뜨개질하는 법을 가르쳐 주거나 전 세계인과 가상의 뜨개질 모임을 시작한다고 치면, 자료 조사, 과정 구성, 가격 책정에 부동산 협상 스킬을 활용할 수도 있다.

당신은 이미 가치와 가격을 결정하는 요령을 터득한 상태이므로, 이 유익한 사업 수완을 부업에 손쉽게 적용할 수 있다. 현재 다른 제품/서비스 제공자들이 시장에 내놓은 물건들을 가격대별로 조사해 보기만 하면 된다.

당신은 부동산 경험을 통해 타이밍의 중요성을 배웠기 때문에, 관심이 본격화되는 겨울이 시작되기 몇 달 전에 온라인 뜨개질 과정을 개시하기로 계획한다.

뜨개질이 진지한 부업거리라는 확신이 별로 들지 않는다고? 나는 온라인으로 뜨개질을 가르치면서 억대 수입을 올리는 여성을 알고 있다. 수익으로 연결하기에 너무 보잘것없는 재능이나 경험이란 없다. 당신은 대수롭지 않게 여기지만 남들은 동경하고 배우고 싶어 하는 기술이 있는가?

이상의 활동을 마치고 나면 당신의 능력이 부업에 첫발을 들여놓기에 충분함을 깨닫게 될 것이다.

나는 코치 겸 작가 생활을 시작했을 때 편집자들에게 어떻게 기사 제안을 해야 하는지 전혀 몰랐다. 하지만 아무 기반 없이 비즈니스 관계를 형성하는 법을 잘 알고 있었기 때문에, 거기서부터 시작했고 일을 진행해나가면서 새로운 스킬을 익혔다.

지금 당장 모든 것을 다 알 필요는 없다. 시작하는 데 꼭 필요한 정도만 알면 된다.

보너스 단계:
가까운 사람들에게 당신이 무엇을 잘하는지 물어보라.

자신의 강점과 스킬은 너무나 익숙하기 때문에 자신의 눈에 뚜렷이 보이지 않는 경우가 많다. 하지만 남의 눈에는 아주 명확하게 보인다.

스킬 증류법으로도 스킬을 찾는 데에 어려움이 있었다면 친구나 연인에게 당신이 무엇을 잘하는지, 혹은 어떤 문제의 해결에 도움을 주었는지 물어보라. 그들은 당신 내면에 잠재해 있는 강점을 새롭게 환기시켜 줄 것이다. 그런 다음 부업을 키워나가는 데에 그 스킬을 어떻게 활용할 것인지 전략을 구상하라.

강점을 활용해 예전부터 하고 싶었던 사업을 구축하는 방법을 깨닫고 나면 그때부터 정말 신이 나기 시작할 것이다.

당신이 보통 사람과 같다면 그렇게 신이 났다가도 곧바로 이 아이디어가 과연 현실적인지 의심이 들기 시작할 것이다. 제발 그러지 말아라! 열의를 꼭 붙잡고 아이디어가 성장하게 내버려두어라! 그 아이디어에 흠집을 내기엔 아직 이르다!

어떤 사람들에게는 스킬 증류법 같은 게 불필요하다. 소설을 쓰고 싶은 마음이 굴뚝같다거나, 아름다운 정원을 꾸밀 생각으로 가득 차 있다거나, 유기농 아기 옷을 디자인해서 만들어보고 싶은 욕구가 너무나 뚜렷해서다. 하지만 어떤 사람들에게는 약간의 도움이 필요하다. 흥미를 느끼는 것들이 있긴 하지만 열정을 쏟아부을 대상을 정확히 파악하지 못한 상태라면 그걸로 사업을 시작할 수 있을 리 만무하다.

앞에서 언급한 바와 같이, 갤럽의 2013년 조사 결과에 따르면 전 세계 직원들의 13퍼센트만이 업무에 몰두하거나 심리적으로 몰입한 상태인 것으로 나타났다. 또한 2015년 갤럽 보고서에 의하면 밀레니얼 세대는 직장에서 "내가 제일 잘하는 일을 할 기회가 있다."고 말할 확률이 낮으며, 많은 사람들이 자신의 재능이나 강점과 부합하지 않는 일을 하고 있는 것으로 조사되었다. 이것은 두려움 때문에 꿈을 좇는 일을 망설이기 때문인 경우가 많다. 뜨개질을 가르치는 일이든 그밖에 다른 일이든 정말 하고 싶은 일이 실현 가능하지 않다고 여긴 결과 업무 불만족이 발생하는 것이다.

내 블로그 구독자들을 대상으로 조사를 해보았더니 놀라울 정도로 비슷한 결과가 나왔다. 자세한 내용은 아래와 같다.

"무엇이 가장 두렵나요?"라고 물었더니
- 43.09퍼센트는 "살아 숨 쉬는 동안 내 잠재력을 발휘하지 못하는 것."
- 28.73퍼센트는 "무엇을 잘하는지 모르고 지금 하는 일에 평생 발이 묶이는 것."이라고 대답했다.

"12개월 뒤에도 업무 상황이 지금과 똑같다면 어떤 기분일까요?"라

고 물었더니

- 48.72퍼센트는 "전혀 좋지 않을 것 같다."

- 31.16퍼센트는 "그럭저럭 괜찮을 것 같다."

- 17퍼센트는 "좋을 것 같다."라고 대답했고 겨우 3.12퍼센트만이 "행복할 것이다. 나는 내 직업을 사랑하고 더 이상 바랄 게 없다."고 대답했다.

구체적인 답변 내용을 살펴보면 더 가관이다.

- "패배감이 들 것이다."

- "꼼짝없이 갇힌 느낌이 들고 지겨울 것이다."

- "항우울증제가 필요할 것이다."

마지막 질문은 "독립해서 일할 수만 있다면 (직원으로 받는) 현재 수입 중 어느 정도를 포기할 의향이 있나요?"였는데

- 19.50퍼센트는 30퍼센트를 포기하겠다고 대답했다.

- 23.27퍼센트는 20퍼센트를 포기하겠다고 대답했다.

- 28.30퍼센트는 10퍼센트를 포기하겠다고 대답했다.

- 28.93퍼센트는 월급의 일정 부분을 포기하면서까지 독립적으로 일할 의향이 전혀 없었다.

이 조사가 어느 정도 유도적인 질문을 담고 있고 표현 방

식상 직장을 완전히 그만두는 경우를 함축하고 있다는 점을 나도 인정한다. 절대 본업을 관두라는 이야기는 아니다. 부업이 풀타임 본업과 맞먹을 수준으로 완전히 자립적인 상태에 이르기 전까지는 퇴사를 고려하면 안 된다.

위 조사 결과에서 주목해야 할 부분은 응답자들이 현재 상태에 관해 하는 이야기다. 수많은 사람들이 수입의 상당 부분을 포기해서라도 열정을 추구하고 싶을 만큼 자신의 업무에서 행복감을 느끼지 못한다니! 그게 부업을 착실히 준비해 나아가야 할 이유가 아니라면 달리 무엇일까 싶다.

아직 겁이 나는가? 그렇다면 이걸 기억하라. 당신은 일로 규정되지 않는다. 당신은 일보다 훨씬 큰 존재이며 직함에 구애받지 않는다. 현재 하는 일을 사랑하는 사람도 마찬가지다. 나는 건강과 운동을 주제로 하는 웹사이트 그레이티스트^{Greatist}에 "당신의 일은 당신을 정의하지 않습니다. 무엇이 당신을 규정하는지 알아내는 방법을 소개합니다."라는 제목으로 글을 쓴 적이 있다. 거기서 밝혔듯이, 의뢰인들이 라이프 코칭을 찾는 첫 번째 이유는 지금 하고 있는 일에 한계를 느끼거나 성취감을 느끼지 못하기 때문이다.

그들은 '목적의식' 또는 '소명'을 찾아내는 데에 도움을 얻으러 나를 찾아온다. 온종일 직장에서 바쁘게 일하며 겉으로는 행복해보이지만 속으로는 좌절감을 느낀다. 일이 지겹다고 느끼고 진짜 내 일이 아니라고 생각하기 때문에 자존감은 무너진다. 베스트셀러 저자 스티븐 프레스필드의 표현대로, 사람들은 "그림자 인생"을 살고 있다고 느낀다. 무엇이든 할 수 있는 에너지, 열정, 지능이 있다는 걸 알면서도 정확히 무엇을 해야 할지 모르거나, 혹은 어떻게 시작해야 할지 모른다.

애석하게도 당신의 열정과 더불어 그 열정을 실현시킬 방법을 봉투에 곱게 싸서 건네줄 사람은 아무도 없다. 그러나 당신의 소명이 무엇이고 무엇이 영혼을 불타오르게 하는지 파악하기 위해 스스로 던져볼 수 있는 중요한 질문들이 몇 가지 있다. 조용히 앉아 성찰하면서 무엇이 당신 내면에 기쁨의 불꽃을 일으키는지 솔직해지고, 그것을 실현시키기 위해 행동을 취하는 것은 대단히 강력한 힘을 발휘한다. 내면의 지혜를 귀담아듣고 그 지혜를 따라가면 특별한 마법을 이끌어낼 수 있다.

스킬 증류법으로 첫걸음을 내디뎠다면 이제는 어떤 부업을 할지 명확히 결정해야 할 때다.

다음 9개의 질문을 스스로에게 던져보라.

1. 나는 업무 중 게으름을 피울 때 무엇을 하는가?

의뢰인 데이브는 훌륭한 엔지니어다. 그는 예상치 못한 보너스를 받으면 전액을 사진 장비를 사는 데 지출했다. 주말에는 맨해튼과 브루클린의 스냅 사진을 찍으며 보냈다. 인스타그램에서는 사진작가들만 팔로우하고 업무 회의 도중 따분해지거나 근무 중 한두 시간 짬이 나면 사진 블로그와 온라인 기사를 읽었다. 사실 사무실에서 몇 시간이고 사진 전시회 관련 자료를 조사하고 유럽 사진전으로 여행을 계획한 적도 있었다. 사진에 대한 그의 열정은 부인할 수 없었다.

한 친구가 그에게 돈을 줄 테니 회사 웹사이트에 사용할 작품 사진을 찍어달라고 부탁했을 때 데이브는 나에게 물었다. "코치님, 죽어서 천당에 가는 기분이 바로 이런 건가요?" 음… 맞다! 혹시 몰라 덧붙이자면 나는 업무 중 게으름을 피우라고 부추기는 게 아니다. 하지만 인정할 건 인정하자. 많은 사람들이 빈둥거리며 보내는 시간이 많다. 그리고 빈둥거리는 시간에 무엇을 하느냐는 어떤 부업에 열정을 품고 있느냐를 말해 주는 훌륭한 징표가 될 수 있다.

2. 어렸을 때 어떤 활동이 즐거웠는가?

믿기 힘들겠지만 열정은 진화하고 성장할 수는 있어도 결코 바뀌거나 사라지지 않는다. 당신은 아주 어렸을 때 무엇을 하며 행복해했는가? 악기 연주? 글짓기? 동물들 보살피기? 스포츠팀의 주장 역할? 만들기? 동기 부여 강사이자 『영혼을 위한 닭고기 수프』 시리즈의 공저자인 잭 캔필드는 이른바

'기쁨 평가joy review'를 실시해 보라고 권유한다.

인생에서 가장 행복했던 순간을 적어보라. 최소한의 예산으로 아시아 전역을 배낭여행 했을 때였는가? 고등학교에서 토론 팀의 리더로 활약했을 때인가? 직장에서 후배 직원들을 교육했을 때는 어떤가? 아니면 전에 살았던 아파트 두 곳을 셀프 인테리어 할 때는 어땠는가? 이런 식으로 즐거웠던 순간들을 관통하는 공통점을 발견할 수 있을 것이다. 공통점이 보이는 대로 종이에 적어두면 점들을 연결하기가 쉬워진다.

3. 어떤 블로그와 책을 즐겨 읽는가?

노트북을 켜자마자 꼼꼼히 챙겨 읽는 웹사이트 다섯 개를 떠올려보라. 예를 들어, 내 의뢰인이었던 한 부동산 중개업자는 요리책, 요리 웹사이트, 자연식품 블로그에서 몇 시간이고 조리법을 들여다보곤 했다. 그는 이제 푸드 블로거로서 상당수의 팔로어를 확보했으며 거기서 약간의 수입까지 얻고 있다. 당신이 페이스북과 인스타그램에서 (친구 외에) 누구를 팔로우하는지 살펴보라.

4. 돈이 문제가 되지 않는다면 하루 종일 하고 싶은 일은 무엇인가?

믿어지지 않겠지만 부유한 사람들도 삶의 활력을 유지하

기 위해 일을 한다(오프라 윈프리와 리처드 브랜슨*만 봐도 알 수 있다). 단, 하고 싶은 일만 한다는 차이가 있을 뿐이다! 그게 자유가 아니고 무엇이겠는가. 당신이 그들과 똑같은 상황이라면 어떤 일을 하겠는가? 글을 쓰겠는가? 스쿠버 다이빙을 가르치겠는가? 연애 상담을 하겠는가? 공짜로라도 해주고 싶은 일이 있다면 그게 바로 당신이 가장 즐거움을 느끼는 활동이자 아주 수월하게 해낼 수 있는 일임을 뜻한다.

5. 일주일 동안 다른 사람으로 살 수 있다면 누구로 살 것인가?

동경하는 사람은 은연중에 닮고 싶은 사람을 알려주는 중요한 지표다. 당신은 전직 여자 축구 선수 애비 웜백, 쇼핑몰 '내스티 갤Nasty Gal'의 창립자 소피아 아모루소, 빅토리아 베컴, 전 〈투데이 쇼〉 진행자 맷 라우어, CNN 간판 앵커 에린 버넷을 우러러보는가? 당신이 누구에게 열광하는지 돌아보라. 그것은 명백한 단서다.

6. 그나마 내세울 만한 강점은 무엇인가?

인간은 재미있는 존재다. 우리는 자기 자신에게 과도할 정

---

* 버진그룹 회장. 1950년 출생으로 현재까지 왕성하게 활동하고 있으며, 괴짜 CEO로 유명하다. —편집자 주

4 · 부업을 찾는 방법

도로 엄격해서, 결점은 재빨리 찾아내면서도 능력을 인정하는 데는 더디다. 나는 언젠가 굉장히 성취 수준이 높은 최고경영 자에게 코칭을 해준 적이 있었는데, 그녀가 자신의 리더십 능력을 인정하게 만들기란 정말 너무너무 힘이 들었다!

당신에게도 이런 면이 있다면 스스로 가장 뛰어나다고 여기는 자질이 무엇인지 생각하지 말고 "가장 덜 싫은 부분이 무엇인지" 자문해보라. 과거에 이룬 성과나 다른 사람에게 큰 도움을 주었던 때를 떠올려보아도 좋다. 남몰래 자부심을 느끼는 부분이 환히 빛나게 하라.

7. 무엇이 내게 순수하고 단순한 즐거움을 주는가?

꾸준한 취미 활동만큼 멋진 부업 아이디어를 잘 드러내 보여 주는 것도 없다. 부업과 취미의 유일한 차이점이라면 부업은 금전적 보상이 따른다는 것이다. 혼자서만 즐거운 게 아니라 다른 사람들에게 서비스를 제공하는 일이기 때문이다. 기억하라. 온전히 자신의 기쁨을 위해서만 즐겁게 그림을 그리는 일도 훌륭하다! 하지만 그것은 부업 아이디어가 될 수 없다. 이에 반해, 남에게 그림 그려주기를 좋아하고 다른 사람들의 집/사무실/별장에 내 작품을 걸고 싶은 욕심이 있다면 그게 바로 성공의 씨앗일지도 모른다!

내 친구 하나는 이스라엘의 군용 무술 크라브 마가Krav Maga

를 좋아해서 가족들에게 가르쳐주고, 또 다른 친구는 사업가 친구들을 대신해 파티 계획 짜기를 즐긴다. 빙고! 그들은 자신이 하는 일을 좋아하고 잘하며 그걸로 보수를 받을 수 있다. 당신이 정말 잘하고 보수를 받을 수 있는 일은 무엇인가?

8. 절대 지루해지지 않는 대화 주제가 있는가?

"이런 이야기는 온종일이라도 계속할 수 있을 것 같아!"라는 느낌이 드는 주제는 무엇인가? 예를 들어, 나의 남편은 부동산 투자에 관해 대화하기를 좋아한다. 만일 부업을 갖는다면 주택 단타 매매를 할 거라고 항상 이야기한다. 나는 정말 지루해하는 소재지만 다행히도 그에게는 관심사를 공유할 수 있는 형과 가까운 친구 몇 명이 있다.

어떤 주제가 당신에게 활력을 불어넣는지만이 아니라 그 주제를 가지고 함께 신나게 이야기할 사람들이 누구인지 자문해보아야 한다. 공통된 열정 아래 관계를 키워나가는 게 중요하기 때문인데, 이것은 자연스럽게 다음 질문으로 연결된다.

9. 나와 같은 부족tribe은 누구인가?

당신의 부족은 당신을 이해하는 사람들로 이루어진다. 동료나 대학 친구, 심지어 형제자매라도 당신의 부족이 아닐 수 있다. 나와 친하게 지내는 전 직장동료는 인기 있는 동네 피트니스 수업에서 자신의 부족을 찾았다. 부족 안의 그녀는 어느 때보다도 빛나고 활력 있는 모습이다. 정말 멋지다!

아직 '부족'이 없다면 지금이라도 찾을 수 있다. 이제까지 언급한 모든 단서를 사용해 당신의 관심사를 정확히 파악한 다음 그 관심사를 공유하는 그룹을 찾으면 된다. 독서 모임에 가입하라. 요리 수업을 들어라. 가까운 대학교에서 코딩을 배워라. 동물 보호소에서 자원봉사를 하라. 눈을 크게 뜨고 살펴보면 곳곳에 기회와 사람들이 있다. 나는 매주 토요일 뉴욕대학교에서 연령대와 직업적 배경이 다양한 사람들과 함께 공인 라이프 코치가 되기 위한 교육을 받으면서 같은 부족의 멋진 친구들을 몇 명 만날 수 있었다.

이상의 질문들을 자문해보고 나니 가야 할 길이 조금 더 명확하게 보이는가? 좋다! 생각이 좀 분명해졌다면 이제 행동에 나서야 한다. 행동 없이는 아무것도 달라지지 않는다. 나는 코칭을 시작했을 때 광고 영업 이사로 정규직 근무를 하고 있었다. 처음에는 사람들에게 영업 방법을 코칭해 주었다. 그것도 나름대로 재미있었지만 내가 가장 좋아하는 일은 따로 있었다. 개인의 역량을 이용해 자신감을 키우고 꿈을 좇는 방법을 가르쳐주는 일이었다. 나는 그게 가능하다는 걸 알고 있었고, 내 꿈을 실현한 뒤에는 더욱 확신이 생겼다.

이렇게 자문해보라. "다음 7일 동안 열정을 현실로 만들기 위해 내가 할 수 있는 일 세 가지는 무엇인가?" 그런 다음 그 세 가지를 실행하라. 교육용 영상의 업로드를 시작할 수 있도록 유튜브 계정을 만들어라. 친구와 동료들에게 핼러윈 파티 플래너 역할을 해줄 테니 이용 후기를 써달라고 부탁하라. 마케팅 분야에서 존경하는 그분께 커피 한 잔 사드릴 테니 20분만 시간을 내주십사 청하라. 방법은 무궁무진하다.

그다음 주에는 세 가지를 더 실행한다. 그다음 주에도 세 가지를 더 실행한다. 그러면서 무슨 일이 벌어지는지 살펴보라. 이 작업을 꾸준히 계속하라. 절대 멈추면 안 된다. 일단 바빠지기 시작하면 깜짝 놀랄 만한 결과가 나타날 것이다.

그동안 이루어진 좋은 성과는 사소하지만 꾸준한 행동의 결과였음을 잊지 말라. 여기서 한 푼, 저기서 두 푼 모으다 보면 제법 큰 금액이 모인다. 장기간에 걸쳐 현명하게 점심 메뉴 선택을 반복하다 보면 몸은 더 건강해진다. 이 모든 것이 우연한 결과가 아니듯, 자기 탐구도 예외가 아니다. 자기 안으로 더 깊이 들어가 가장 깊숙한 내면을 살려내는 작업은 언제라도 시작할 수 있다.

당신은 일로 규정되지 않는다. 일은 다면적이고 잠재력으로 가득한 자아의 한 부분에 불과하다. 그리고 마음속 깊이 당신도 그 사실을 알고 있다. 무엇을 망설이는가? 13세기 페르

시아의 시인 루미가 쓴 것처럼 "당신이 찾는 것이 당신을 찾고 있다." 즐거움, 부족^{tribe}, 희열은 끈기 있게 기다리는 중이고, 언제까지고 계속 기다릴 것이다. 당신이 움직이기만 하면 된다.

부가적인 혜택 하나. 분야에 따라서는 부업을 함으로써 본업에서 더 빛나는 존재가 될 수도 있다! 네이처매퍼의 에런은 본업으로 기술 분야에서 일한다. 그가 만든 앱은 크라우드소싱을 사용해 멸종 위기에 처한 토착 생물종을 추적한다. 그는 부업으로 회사를 시작한 후, 자신만의 제품을 만든 것이 평판을 높이는 데 일조했음을 깨달았다. "기술 기업을 직접 만들었고 기술 분야에 종사하다 보니 직장에서 '최신 시장 트렌드'를 아는 사람으로 통하게 되었어요. 언젠가 하겠다고 말만 하는 사람이 아니라 언행일치를 실천하는 사람이 된 거죠."

당신도 마음먹은 일은 꼭 해내는 사람이라는 평판을 듣고 싶은가? 그렇다면 부지런히 브레인스토밍하라!

어떤 일에 열정이 있는지를 정확히 파악하기만 하면 된다. 대다수의 사람들은 열정을 느끼는 일이 몇 가지씩 있지만 우선은 다음 기준에 부합하는 단 한 가지만 선택하도록 한다. ① 그 일에 대한 재능이 있어야 한다. ② 사람들이 그 일을 원하고 필요로 해야 한다. ③ 그 일을 하면서 돈을 벌 수 있어야 한다. 캘리그래피를 가르치는 일은 물론 파티 계획하기, 프리랜서로 웹사이트 제작하기 등 무엇이든 다 가능하다. 너무 깊이 생각하지는 말라! 사업의 형태는 시간이 지나면서 달라질 테니 일단 시작하라. 어떤 아이디어가 떠오르는가?

다시 한번, 당신을 진심으로 믿어주는 누군가를 떠올려라. 배우자, 가장 친한 친구, 부모님, 전 직장상사, 그 누구라도 좋다. 심지어 이제는 더 이상 당신의 삶에 개입할 일이 없는 사람이어도 괜찮고 이 세상 사람이 아니어도 괜찮다. 고등학교 때 선생님이나 예전 코치님이라도 좋다는 뜻이다. 나는 열아홉 살에 아버지가 돌아가셨지만 아버지를 많이 떠올리고 지금 내가 하는 일에 대해 아버지라면 뭐라고 말씀하셨을까를 항상 생각한다. 당신을 믿어주는 그 사람이 당신의 새로운 사업/창의적인 벤처를 어떻게 여길지 잘 생각해 보라. 그들은 당신에게 무슨 말을 해줄 것 같은가?

잘 들어라. 당신에 대한 그들의 신뢰는 옳다. 당신의 의구심은 옳지 않다.

도전해 볼 만한 부업 아이디어들을 소개한다.

- 주택 단타 매매
- 교정/편집
- 홈패션 컨설팅
- 블로그 운영
- 유기농 화장품, 가정용 세제 등 제조

- 이벤트와 파티 기획

- 소풍 바구니 제작

- 제2 언어로서의 영어 가르치기

- 노약자를 위한 교통수단 제공 또는 우버, 리프트 등 '공유 경제' 앱으로 운전하기

- 영양/건강 코칭

- 간소한 세금 신고 방법 교육

- 프리랜서로 로고 디자인 혹은 그래픽 디자인 작업

- 야외 또는 결혼식 사진 촬영

- 결혼식 연설문 작성

- 케이터링

- 사회 초년생을 위한 재무 설계

- 개인 트레이너나 피트니스 강사

- 로맨스/단편 소설 전자 출간

- 옵션 거래*

- 맞춤 브라 제작

- 유기농 양초 만들기

- 경영 코칭

---

* 매매 선택권 거래, 일정 기간 안에 특정 상품을 일정한 가격으로 매매하는 권리를 거래하는 것. —편집자 주

- 액세서리 만들기
- 핸드메이드 온라인 쇼핑몰에서 공예품 판매
- 퍼스널 쇼핑 또는 스타일링
- 유튜브 채널 운영
- 고성장 시장에서 부동산 투자
- 양봉/벌꿀 판매
- 수제 문구류 또는 인쇄물 제작
- 생활 스포츠 또는 유소년 스포츠 리그 심판
- 소셜 미디어 컨설팅
- 유튜브 영상 촬영 및 편집 서비스
- 애완동물 미용 또는 마사지
- 개인 교습
- 프리랜서로 연구 보조금 신청서 작성
- 마사지 자격증
- 보이스 오버** 녹음
- 뜨개질 패턴을 만들고 관련 온라인 플랫폼에서 판매하기
- 옷장 정리
- 요가나 명상 수업

** 화면의 정보를 음성으로 읽어주는 기능. —역주

퇴근 후 할 일

가능성 있는 부업 아이디어 10개를 브레인스토밍한다. 너무 깊이 생각하지 말고 그냥 떠오르는 대로 적어라. 제2 언어로서의 영어 가르치기, 맞춤 제작 공예품 판매하기, 동네 교회에서 당신이 만든 치즈케이크 팔기, 무엇이든 괜찮다. 적어도 10개의 아이디어를 떠올려보라. 그런 일을 할 준비가 되어 있지 않다는 느낌이 들 텐데, 그래도 괜찮다. 자유롭게 아이디어를 떠올리다 보면 행동을 취하고 싶은 마음이 생겨날 것이기 때문이다.

10개의 아이디어를 생각해냈다면 열정, 소질, 아이디어의 실현 가능성을 기준으로 각 항목에 점수를 매긴다. 믿을 만한 친구와 목록을 공유한다. 책임 파트너(내가 탈선하지 않도록 도와주는 사람) 겸 치어리더 역할을 할 수 있는 사람이면 된다. 그 친구에게도 당신이 똑같은 역할을 해주어라!

그 친구에게 이렇게 질문하라.
- 이게 내 아이디어야. 넌 어떻게 생각해?
- 이 중에서 내가 제일 잘하는 게 뭐지?
- 혹시 내가 빠뜨린 게 있나?

목록의 범위를 한 가지로 좁힌 다음, 아래와 같은 질문을 던져보라.
- 누가 이미 이걸 하고 있는가? 잠재적인 경쟁자 혹은 파트너는 누구인가?
  - 그들은 제품이나 서비스를 판매하기 위해 어떤 플랫폼/형

식을 사용하고 있는가? (예: 일대일 수업, 온라인 과정, 전통적인 형태의 매장, 요리책, 컨설팅)

- 가격 구조는 어떠한가?
- 그들은 제품이나 서비스를 어떻게 마케팅/브랜딩하고 있는가? 고객/구독자들과 어떻게, 얼마나 자주 소통하는가? (예: 매주/매월 무료 팁/조리법이 소개된 이메일 발송)
- 무료 온라인 리소스 혹은 저렴한 책 중에서 활용하거나 읽을 수 있는 자료가 있는가? 과정 등록이나 수료증 취득에 돈을 들이기에 앞서 이 틈새/업계 진출 방법에 관해 자세히 알아볼 필요가 있다.
- 나의 제품과 서비스, 브랜드를 어떻게 차별화시킬 수 있는가?

위 질문에 답해보면 처음에 가졌던 우려가 상당 부분 해소되고 어떤 방향으로 나아가야 하는지 감도 잡을 수 있을 것이다. 이러한 질문의 틀 안에서 당신의 부업에 관해 생각해보기 바란다.

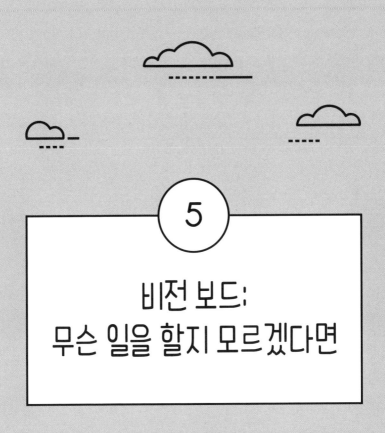

5

비전 보드;
무슨 일을 할지 모르겠다면

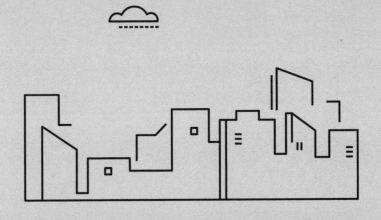

"인생의 비전은 가급적이면 높고 웅장하게 세워라.

당신은 당신이 믿는 대로 될 것이기 때문이다."

오프라 윈프리

—

"최고의 성공 비결은 구체적인 의도Intent, 명료한 비전Vision,

계획적 행동Action, 명료함Clarity을

유지하는 능력을 갖추는 것이다.

이것은 성공의 네 가지 원칙이다.

이렇게만 한다면 절대 실패하지 않는다!"

스티브 마라볼리
베스트셀러 저자 겸 동기 부여 강사

열정이 무엇인지 알아내기가 아직도 어려운가? 그렇다면 비전 보드 이벤트가 도움이 될 수 있다! 나는 집에서 소모임의 형태로, 혹은 기업과 비영리단체의 행사에서 비전 보드 이벤트를 여러 번 진행해 보았다. 비전 보드와 관련된 이야기들은 놀라움을 선사한다. 한 여성은 아기를 갖고 싶다고 생각했지만 여행 이미지로 보드를 가득 채웠다. 마음속 깊은 곳에서는 우선 더 넓은 세상을 둘러보고 싶었던 것이다. 또 다른 여성은 핸드백 소재를 구할 수 있고 자신만의 독특한 제품을 개발할 수 있는 장소와 이미지에 마음이 이끌리는 것을 확인하고 핸드백 라인을 제작해야겠다는 아이디어를 얻었다.

실제로 많은 이들이 자신이 원하는 게 정확히 무엇인지 알아내는 데에 어려움을 느낀다. 그래서 갑갑하고 꽉 막힌 기분이 들며 목표도 불분명하다. 지금부터 친구들과 비전 보드를 만들어봄으로써 그 벽을 돌파하는 방법을 소개한다.

간단히 말해 비전 보드란 꿈과 목표를 확인시켜 주는 이미지와 사진들을 한곳에 모아 만든 콜라주다. 이때의 꿈과 목표는 생각만으로도 행복한 기분이 들고 영감을 준다. 비전 보드는 영감 보드 혹은 드림 보드라고 부르기도 하며, 당신이 원하는 것을 분명히 이해하고 마법과도 같은 표현력을 발산할 수 있도록 도와준다. '마음에 와닿는' 비전을 종이 위에 붙이면서 이미지를 통해 미래를 시각화한다.

이것은 독특하고도 재미있는 방식으로 꿈을 구체화하고 종이 위에 표현하는 멋진 방법이다. 한 의뢰인은 자신의 비전 보드에 금문교 사진을 붙였는데 두 달 뒤 샌프란시스코로 발령을 받았다.

또 다른 친구는 피아노를 연주하는 음악가 이미지를 골랐는데 지역 밴드에서 활동하는 남자를 만나 사랑에 빠졌다.

뉴욕시에서 나는 의뢰인들을 대상으로, 혹은 워크숍의 일환으로 비전 보드 파티를 연다. 친구들을 집으로 초대할 의향이 있다면 비전 보드 파티는 함께 어울리고 멋진 성과도 얻을 수 있는 색다른 방법이다. 서로를 응원해 주는 분위기 속에서 목표에 관해 이야기를 나누고 공유할 수 있는 자리가 될 것이다.

집에서 멋진 이벤트를 진행하는 데 필요한 것은 다음과 같다.

- **열린 마음을 가진 친구들**

비전 보드 파티는 그룹의 에너지를 바탕으로 흘러간다. 긍정적이고 상상력 넘치며 마음이 열린 친구들을 초대하라. 재미도 물론 있겠지만 한 해 동안(혹은 몇 년 동안) 두고두고 회자될 의미 있는 성과를 얻게 될 것이다. 그룹의 규모는 여섯 명에서 여덟 명 정도가 적절하다.

• **준비물**

비전 보드는 아무것도 없는 상태에서 만든다. 필요한 것은 (집, 스타일, 패션, 음식, 비즈니스, 가정을 주제로 한) 잡지 몇 권, 포스터 보드, 가위, 풀이 전부다. 친구들에게 잡지를 읽지 말라고 이야기하라. 잡지는 영감의 원천이자 그림을 오려낼 자료일 뿐이다. 친구들에게 오래된 잡지를 가져오라고 이야기해도 좋다(원한다면 애피타이저나 음료와 함께!).

• **약간의 분위기 연출**

조용하고 정신을 맑게 하는 음악을 틀고 초를 몇 개 켠다. 평소보다 영감을 자극하면서도 차분한 분위기가 느껴지도록 연출하라. (마음을 진정시키는 선곡 리스트를 스트리밍하기 위해서가 아니라면) 텔레비전이나 휴대전화는 꺼둔다. 차분한 환경은 친밀감 있는 분위기를 만들어 그룹의 창의적이고 직관력 있는 사고를 도와준다.

• **명확한 지시와 안내**

모두가 비전 보드 만드는 법을 알고 있는 것은 아니다. 너무 깊이 생각하지 않는 게 중요하다고 설명하라. 자신의 마음에 '호소하는' 이미지/그림과 단어로 콜라주를 만들기만 하면 된다. 잡지에서 그런 이미지를 찢어내어 페이지 위에 배치한다. 먼저 찢어내고 나중에 풀로 붙인다(자리를 뜨기 전에는 다 풀로 붙여야 한다. 스크랩 상태로 남겨두면 안 된다).

• 시각화 또는 낭독

여느 때와 다른 시간이 되어야 한다. 대화와 술에 열중하는 대신 비전 보드에 집중해야 한다는 걸 잊지 말고, 사람들에게도 반드시 정해진 시간을 지켜서 참석해 달라고 부탁하라. 그런 다음 짤막한 시각화 구절이나 명상 구절을 낭독해 생각의 방향을 일치시켜라. '시각화visualization, 현존감presence, 명상meditation' 등으로 인터넷을 검색하면 무수히 많은 자료를 구할 수 있다. 이렇게 함으로써 모두가 지금 이 순간에 집중하고 그 자리에 온 이유를 다시 한번 환기하게 된다. 아울러 (손님들이 서로 모르는 사이인 경우) 간단하게 자기소개를 하고 비전 보드에 임하는 마음가짐을 다질 수도 있다.

• 협업과 몰입

친구들이 자신의 비전 보드와 자신이 선택한 이미지에 대해 이야기할 수 있도록 격려하라. 창의성은 창의성을 낳고 그룹의 에너지는 강렬한 자기장을 형성할 수 있다. 또한 보드를 만드는 과정에서 주제나 아이디어가 바뀔 수 있다는 걸 기억하라. 금전적 성공을 주제로 보드를 만들 생각이었는데 도중에 집과 가정생활에 더 초점을 맞추게 될 수도 있다. "아하!" 하는 순간을 즐기고 그에 관해 서로 이야기를 나누어라. 생각지 못한 욕구가 표면화되는 것은 비전 보드 만들기에서 가장 흥미진진한 부분이다. 부업 아이디어가 자유롭게 흘러나올 것이다!

• 약간의 여백

친구들에게 보드에 여백을 조금 남겨두라고 이야기하라. 나중에 다른 것을 보고 영감을 얻을 수도 있기 때문이다. 중앙에는 환하게 웃는 행복한 모습의 자기 사진을 붙여도 좋다. 비전 보드를 매일 보이는 곳에 붙여두는 게 중요하다고 설명하라. 이런 식으로 끌어당김의 법칙은 증대된다.

이 상상력 넘치고 예술적인 경험은 사람들과 함께하면 훨씬 더 재미있다. 디지털의 방해에서 벗어나 사람들을 더욱 친밀하고 특별하게 하나로 모아주는 멋진 방법이기도 하다. 함께하는 사람들이 있으면 동기 부여가 되고 에너지가 시들해질 때 다시 한번 기운을 추스르게 된다. 협업이 어떤 결과로 이어질지는 아무도 모른다.

퇴근 후 할 일

날짜를 정하라. 부업을 하는 사람들 혹은 인생을 더 알차게 살고 싶어 하는 지인들을 초대하라. 그런 다음 다 같이 소매를 걷어붙이고 떠들썩한 분위기 속에 표현의 마법이 시작되게 하라. 이때 벌어지는 일에 깜짝 놀랄 준비를 하라!

당신의 부업 아이디어는 무엇인가?

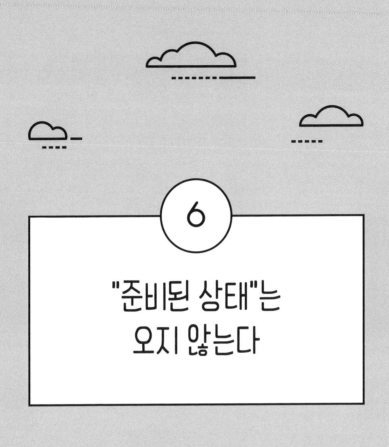

6

"준비된 상태"는 오지 않는다

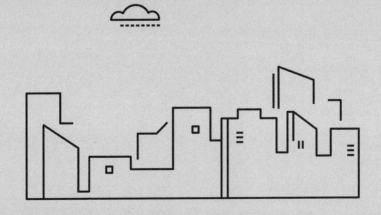

"아마추어는 앉아서 영감을 기다리지만 프로는 일어나서 일하러 간다."

스티븐 킹

—

"앞서 가는 비밀은 시작하는 것이다.

시작하는 비밀은 복잡하고 과중한 작업을

내가 감당할 수 있을 만큼의 작은 업무로 나누어,

그것의 첫 번째 업무부터 시작하는 것이다."

마크 트웨인

부업을 시작할 수 있는 준비된 상태는 영원히 오지 않을 것이다. 인생이 다 그렇듯이, 상황은 절대 완벽하지 않으며 사업이라는 위험천만한 여정을 시작하기에 딱 좋은 시기 따위는 존재하지 않는다. 이 사실은 빨리 깨달을수록 좋다. 반려견을 입양하고, 낯선 나라로 이주하고, 이혼을 감행하고. 나는 인생의 각기 다른 단계에서 이런 일들을 미루고 미루다 마지막에야 해냈다. 하지만 그럴 필요가 없었다. 다음 단계로 넘어갈 준비가 되었다고 느끼든 아니든 결과는 똑같기 때문이다. 지금 시작하면 목적지에 더 빨리 도착한다는 차이가 있을 뿐이다.

'준비된 상태'와 관련해 슬며시 고개를 쳐드는 것은 바로 두려움이다. 그리고 두려움의 유일한 치료법은 행동이다. 즉각적인 행동이 필요하다.

우리는 종종 행동을 취하고 있다고 착각하는 실수를 저지른다. 자료를 조사하고, 수업을 수강하고, 수많은 미술관을 찾아다니고, 수천 권의 책을 읽었으니, 아이디어를 탐구한 수고를 인정받아야 한다고 느낀다. 그런데 잠깐! 관련 자료를 소화하는 것도 물론 중요하지만 지식을 늘리는 것 위에 다른 결과를 얻을 수 없다. 지식의 존재 가치는 활용되는 데에, 영감을 주고 창조의 원동력이 되는 데에 있다. 나폴레온 힐이 『놓치고 싶지 않은 나의 꿈 나의 인생』(국일미디어, 2015)에서 이야기한 것처럼, 지식은 '잠재력'에 불과하다. 반드시 행동이 뒤따라야 한다.

　나도 이 부분에서 죄책감을 느낀다. 나는 책을 많이 읽는 사람이고, 영원히 책 속에 푹 빠져 지낼 수도 있었다. 그러나 어쨌든 낡은 노트북 자판을 두드려 블로그 게시물과 기사는 물론이고 이 책도 써냈다. 나보다 앞서 책을 쓴 다른 작가들의 성과물을 탐독하기만 하는 게 아니라, 나만의 성과물을 만들어내야 한다고 생각했기 때문이다. 남을 위해 기여해야 한다고 생각했기 때문이다. 우리가 이 땅에 태어난 이유가 그것이다. 약소하더라도 세상에 내 몫의 기여를 하고, 처음 마주했던 세상보다 조금 더 나아진 세상을 물려주어야 한다.

　내 의뢰인 한 분은 음식 블로깅에 열의가 있었다. 핀터레스트에서 베이킹, 봄 제철요리, 파티 애피타이저와 테이블 장식을 주제로 보드를 아름답게 꾸미다 보면 네 시간이 훌쩍 지나곤 했다. 재미있어서냐고? 물론이다. 쓸모 있는 일이었냐고? 어쩌면. 하지만 그것은 부업으로 진짜 일을 하는 것과 다르다. 두 가지를 혼동하지 말라. 자료를 조사하거나 수업료로 수천 달러를 쓰면서 뒤로 숨지 말라는 얘기다. 부업은 수입을 창출하기 전까지는 부업이 아니다. 취미의 함정에 걸려들지 말라. 자료 조사라는 중립 기어를 풀고 앞으로 움직이기 시작하라.

운송 프로그램을 개발하는 스트라팀의 창립자 숀 베어는 일단 뛰어들기를 추천한다. "당장 고객을 몇 명 받으세요(구매하지 않는 고객이라도 좋습니다). 가장 빠른 지름길은 처음 세 명의 고객을 확보하는 것입니다. 처음 세 명의 고객에게서 너무나 많은 것을 배우게 될 것이고, 덕분에 앞으로 무수한 시간과 에너지를 절약하게 될 테니까요."

다음 항목에 대한 투자에 주의를 기울여라.

- **번지르르한 마케팅 자료**

사업과 브랜드를 '가급적 아름답게' 만들려고 돈을 쏟아붓지만 정작 아무런 수익도 내지 못하는 사람들을 너무나 많이 보았다. 홍보라고 해서 반드시 화려한 겉치장에 돈을 써야 하는 건 아니다. 비교적 적은 비용으로도 깔끔하고 매력 있는 브랜드를 만들 수 있다. 혹은 적어도 브랜딩 관련 지출을 사업 개시 이후로 미루어라. 나는 돈을 쓰기 전에 벌어야 한다고 굳게 믿는 사람이다.

- **홍보**

세상에는 돈만 가져가고 별로 해주는 것도 없는 가짜 'PR 전문가'들이 널렸다. 꼭 누군가를 고용해야겠다면 예산 범위에 부합

하고 추천 내용이 훌륭한 사람을 선택하라. 내 경험상, 최고의 PR
은 당신이 쌓는 인간관계와 당신이 제공하는 가치에서 나온다.
관계 형성과 상호 의존이 비결이다! 남이 도와주기를 기대하기
전에 먼저 남을 도와라.

• 값비싼 온/오프라인 광고

광고에 비용을 지출할 때는 매우 신중해야 한다. 손해를 만회하려
다가 더 큰 손해를 보는 경우가 많다. 돈을 지불하고 페이스북 좋
아요를 얻으면 비즈니스로 연결될 거라는 착각에 빠지지 말라. 광
고를 (누군가가 사이트를 방문하고 구독자 목록에 가입하는 등) 실제
전환으로 연결시키려면 현명하게 비용을 지출해야 한다. 내가 알
거나 들은 사례 중 소셜 미디어 팔로잉이 많은데도(대부분 돈을 내
고 끌어모은 사람들이었다) 이메일 구독자 수가 너무 적어서 거의
수익을 내지 못하는 사람들이 많다. 이 또한 돈 낭비에 불과하다.

• 연달아 수업 수강하기

수업은 큰 힘이 될 수 있다. 나는 비즈니스를 다음 단계로 끌어올
리는 데 도움이 된다면 좋은 수업에 기꺼이 수업료를 지불할 의
향이 있고, 나 스스로도 여러 개의 수업을 진행한다. 하지만 안타
깝게도 연달아 수업만 듣는 사람들이 부지기수다. 그런 사람들은
영감의 불꽃이 튀길 기다리면서, 혹은 사업을 시작하기에 적절

한 때를 기다리면서 아무런 행동도 취하지 않는다. 어떠한 수업으로도 그 상태는 달라지지 않는다. 그것은 마치 자전거 타기에 관해 온갖 자료를 숙독하고 직접 타볼 자전거도 없는 곳으로 강의를 들으러 가서 자전거 타는 법을 배우려는 것과 같다. 당장 자전거를 찾아 나서지 않고 그러는 게 무슨 소용일까? 일단 안장에 앉아보아야 한다! 올라타고 넘어지고 다시 올라타야만 자신만의 요령을 터득할 수 있다. 아리스토텔레스의 말을 빌리자면 "배워야만 할 수 있는 일들은 직접 해봐야만 배울 수 있다."

시작하기 겁난다는 건 안다. 방아쇠를 당겨야 하는 순간 공포심에 사로잡히는 사람들에게 나는 "자전거에 올라타세요."라고 말해 준다. 당신 한 명만을 위해서가 아니다. 당신은 지금 하는 일보다 더 원대한 목적을 위해 이 땅에 태어났다. 그렇지 않다면 부업 때문에 영혼이 불타오르고 심장이 두근거리지는 않을 것이다.

이제는 이벤트 기획사 그랜트 액세스Grant Access의 창립자가 된 로렌 그랜트는 10년 동안 비영리 기구에서 이벤트 관리 업무를 담당하다가 정리해고를 당한 후 깨달음의 순간을 맞이했다. "정리해고를 당하고 깨달았어요⋯⋯ 더 이상 이런 일을 무료로 하면 안 되겠구나 하고요. 묘하게도 그 깨달음의 순간은 제가 친구를 위해 준비한 파티 도중에 찾아왔어요. 마치 하늘이 열리고 '너는 이 일에 정말 소질이 있구나!'라는 음성이 들리는 듯했죠. 제 인간관계는 그랜트 액세스를 공식 출범하기로 한 결정에 지대한 영향을 주었어요. 그 사람들의 지지, 격려, 제 역량에 대한 긍정 덕분에 저는 더욱 힘을 낼 수 있었죠. 회사명을 짓기도 전에 고개이 있었던 거예요." 로렌처럼 당신도 필요한 것을 이미 다 갖추고 있다. 브랜딩, 홍보 캠페인, 광고, 산업 교육 등은 부가적인 장식물에 불과하다. 그런 것 때문에 큰 그림을 놓치지 말라. 모든 조각이 이미 제자리에 놓여있어서 그냥 거기에 있음을 알아봐주기만 하면 될 때가 있다. 우리는 누구나 존재 이유가 있고 아름다운 욕망과 꿈을 추구하다 보면 그 존재 이유에 가까이 다가서게 된다. 가르치기, 그림 그리기, 판매, 노래, 디자인, 대본 쓰기, 요리, 타인에 대한 동기 부여, 애완견 훈련 등 모든 재능은 세상에 도움이 되기 위해 존재한다.

내가 정말 재능이 있나 혹은 가치 있는 사람인가 하는 걱정은 접어두고 당신이 가진 것을 그냥 보여주어라! 진짜 하고 싶은 일에 총력을 기울이고 좋든 나쁘든 결과에 승복할 때쯤이면 어차피 다 깨닫게 될 것이다. 자기 자신에게만 너무 집중하다 보면 인생의 의미와 목적을 잃어버리게 된다. 우리는 각자의 특별한 재능과 달란트를 사용 헤 다른 이들의 삶에 긍정적인 영향을 끼치려고 태어났음을 잊어서는 안 된다.

당신의 인생은 더 큰 계획의 일부임을 기억하라. 당신의 역할을 파악하고 분주히 몸을 움직이는 것이 당신이 할 일이다. "내가 원하는 게 뭐지?"라고 묻지 말고 "어떻게 하면 내가 가장 잘 기여할 수 있지?"라고 물어라. 원한다면 이 질문을 부업의 만트라(진언)로 삼아도 좋다. 당신은 당신이 기여할 수 있는 몫이 크다는 사실을 알고 있다. 그렇지 않은가? 당신이 할 일은 당신의 일, 당신의 기여에 믿음을 갖는 것뿐이다. 당신에게는 세상에 내놓을 훌륭한 재능이 있다! 당신과 당신의 두려움에 떠는 자아가 아니라 당신이 내놓을 몫이 중요함을 이해하면 정말로 마음이 놓인다. 자신만의 방식대로 나아가기만 하면 되니까.

아래의 팁을 따르면 "어쩌지?" 모드를 벗어나 행동에 돌입할 때 성공적인 출발을 도모할 수 있다.

• 집중할 시간을 정해두어라

일주일에 최소 4시간은 따로 떼어두고 부업 활동에 전념하라. 단기간에 폭발적으로 성과를 내는 스타일이라면 2시간씩 두 번으로 나누어도 좋다. 약속이나 중요한 회의와 마찬가지로 이 시간은 변경해서도 타협해서도 안 된다. 일정에 적어놓아라! 캘린더에 기록해두어라! 누가 세상을 떠난 게 아니라면 이 시간은 당신이 바쁘게 움직여야 할 시간이다(자료 조사로 바쁘지 말고 글을 쓰고 만들고 일하느라 바빠야 한다). 누가 초인종을 눌러도 나가보지 말라. 부엌에 쌓인 설거지는 무시하라. 당신의 부업 시간이 더 중요하다. 놀라운 사실 하나 알려줄까? 미처 깨닫지 못한 사이 2시간은 3시간이 되고, 다시 4시간으로 늘어날 것이다. 이것을 몰입 상태라 부른다.

• 어떠한 핑계도 용납하지 말라

작업할 준비를 하거나 부업에 관해 생각할 때마다 마음을 굳게 지켜라(이 점에 대해서는 뒤에서 더 자세히 설명하겠다). 부정적인 생각이 스멀스멀 기어올라 목표 달성이 가능하지 않다고 속삭이거나 시작을 방해하려 할 때마다, 이를 즉각 의식하고 떨쳐 버려라. 또한 당신의 꿈을 믿어주지 않는 사람들과 어울리는 시간을 제한할 필요가 있다. 월급쟁이 생활 이외의 직업에 대해 비판적인 사람들을 말하는 것이다. 그들은 "왜 이래, 일요일이잖아. 영화라도 한 편 봐야지." 내지는 "커피/맥주라도 한잔해야지."라고 말하며 당신을 유혹할 것이다. 성공에는 희생이 필요한 법. 나중에 후회는 없을 것이다. 결과만이 중요하다는 걸 기억하라! 핑계는 중요하지 않다.

• 방해 요인을 없애라

휴대폰을 멀리 떨어뜨려 두어라. 모든 소셜 미디어에서 로그아웃하고 노트북의 알림을 꺼라. 부업 시간 중에는 무엇에든 누구에게든 대응하지 말라. 나는 이 글을 쓰는 동안 이메일과 노트북의

메신저를 꺼두었다. 그렇지 않으면 친구에게서 문자가 올 때마다 알림이 뜨기 때문이다. 전부 다 꺼두어라. 고요함을 친구로 삼아라. 이 책을 쓰기 위해 나는 자기계발/생산성/생활의 기술 분야에 해당하는 거의 모든 서비스를 구독 취소했다. 나는 팔로우하는 사람도 굉장히 많다! 평소에는 항상 인스타그램을 들여다보면서 그들이 어떻게 지내는지, 어떤 제품을 홍보하는지, 누구와 함께 있는지를 확인한다. 자기계발서도 잠시 끊어야 했다. 이 분야를 광적으로 좋아하는 사람으로서 쉽지 않은 일이었지만 두 달 동안 나는 내 안의 것을 끄집어내고 새로운 아이디어나 화제로 관심을 돌리지 않기 위해 소설만 읽기로 했다. 나를 유혹하는 책들은 원고를 마무리한 후 읽을 책 목록에 올려두었고, 그때까지 모든 멘토와 동시대인들의 소식을 접하는 일은 잠시 그만두었다. 누군가가 공직 출마 선언을 해도 몰랐을 것이다! 실질적인 전진을 이루려면 초집중할 필요가 있다. 부가적인 혜택: 이렇게 방해 요인이 없는 상태는 은근히 상쾌하게 느껴진다. 심지어 수많은 온라인 정보를 재구독할 생각이 들지 않을 수도 있다! 당신은 꿈을 좇는 동안 무엇을 잠시 제쳐둘 수 있는가?

• **마감일을 정하라**

우리 라이프 코치들은 마감일에 관한 한 철두철미하다. 결승선에 도달하려면 마감일이 꼭 필요하다. 당신이 생각하는 부업의 성공은 어떤 모습인가? 최종 결과물을 염두에 두고, 그것을 이루기 위해 명확하고 달성 가능하며 현실적인 마감일을 스스로 정하라(예: 7월 31일 낮 12시까지 소설을 완성하겠다). 그 과정에서 책임감을 유지할 수 있도록 적당한 간격의 중간 마감일도 설정하라. 가령 소설이 12개 장으로 구성된다고 치자. 남은 기간이 6개월이라면 한 달에 두 챕터씩 쓰면 된다. 2주마다 한 챕터를 완성하는 꼴이다. 무엇을 기다리고 있는가? 어물쩍거리다가는 2029년이 와도 끝내지 못한다. 이 프로젝트를 시작할 때까지는 다른 프로젝트/아이디어/영감이 떠오를 여지가 없다. 이번 일을 마감일까지 끝내고 나서 다음 일에 기대감을 가져라! 장담컨대 다음 아이디어는 분명히 떠오른다.

• 과정을 즐겨라!

이런 이야기가 사뭇 심각하게 들린다는 걸 알고 있다. 하지만 부업은 (대체로) 신나는 일이다. 한창 일에 푹 빠져 있을 때 우리는 가장 평온하고 열성적이며 창조적인 상태가 된다. 현재에 집중하고 재능을 표출하면서 몰입 상태를 즐겨라.

예컨대 나는 글쓰기는 좋아하지만 온라인 강좌와 주간 뉴스레터를 띄우는 웹사이트를 업데이트하거나 소프트웨어 시스템을 관리하기는 싫어한다. 코딩 작업은 대부분 외주에 맡기지만 그래도 기본적인 원리는 이해해야 한다. 그래서 기술 문제로 짜증이 나려고 하면 나는 "왜?"라는 질문으로 되돌아간다. 왜 이게 중요하지?

웹사이트가 없다면? 강좌가 없다면? 인프라가 없다면? 당연히 성장도 없다. 처음에 부업으로 시작했을 때는 별로 중요하지 않았겠지만 그런 기능이 없어진다면 사업의 추진력은 떨어질 것이다. 싫어하는 일도 태연히 감수하라. 재미있는 일은 더 알차게 즐겨라. 별 매력은 없어도 꼭 해야 하는 일에 비하면 얼마나 신이 나는가? 내 친구이자 동료 라이프코치인 스테파니 세인트 클레어는 이렇게 말했다. "컨설팅이나 집필이 아니라 사업 운영이 제1의 우선순위예요. 좋아하는 일(이자 재능 있는 일, 내 경우 코칭과 집필)을 하는 시간은 15퍼센트에 불과하고 나머지 85퍼센트는 마케팅, 관리, 판매, 전략 구상, 이메일 답변에 할애하게 되죠. 일단은 이 사업가 역할을 얼마나 빨리 받아들이느냐에 생존이 달려 있어요. 보기 좋은 콘텐츠를 만들어내는 크리에이터 역할은 두 번째죠."

• 기념하라!

나는 이 부분을 가장 좋아한다. 중간중간의 작은 성과를 기념해야 한다. 한 달 동안 목표에 정진했다면 스스로에게 보상해주어라! 마사지, 동기 부여 신간, 샴페인 한 잔은 당신이 계속 정진하도록 활력을 줄 것이다. 나는 집필 작업이 특별히 만족스럽게 느껴지는 날 네일 케어 받기를 좋아한다. 혹은 남편과 함께 새로운 레스토랑에 가기도 한다. 중요한 건 여정 자체임을 기억하면서, 중간중간 즐거운 쉼을 가져 이 여정에 기쁨을 더하라.

퇴근 후 할 일

의욕이 솟아나는가? 지금부터 2시간 집중 시간에 돌입해보라! 기다려드리겠다.

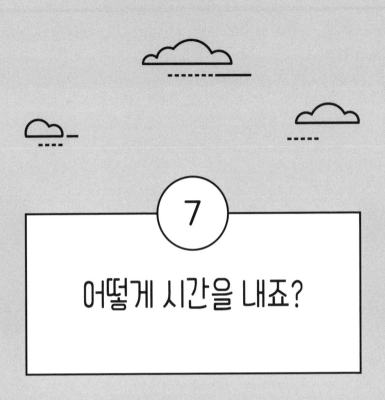

7

어떻게 시간을 내죠?

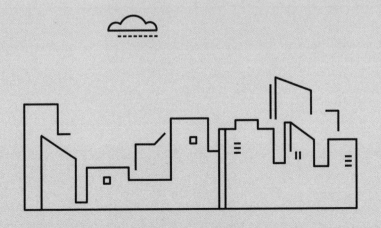

"바쁘게 지내는 것보다 생산성을 높이는 데에 초점을 맞추어라."

팀 페리스
『지금 하지 않으면 언제 하겠는가』 저자

—

"시간의 지배자가 되고 나면

대다수의 사람늘이 1년 안에 성취할 수 있는 일을 과대평가하고

10년 안에 달성할 수 있는 일을 과소평가한다는 사실에

진정으로 동감하게 될 것이다!"

토니 로빈스
저자 겸 자기계발 전문가

—

"방해 요인으로부터 스스로를 차단하라."

제프 워커
비즈니스 코치 겸 저자

"하지만 어떻게 시간을 내죠?" 나는 항상 이런 질문을 받는다. 부업의 종류에 따라 다르긴 하지만 일주일에 몇 시간만 투자해도 부업을 시작할 수 있다. 흥미로운 사실. 영화 〈피치 퍼펙트Pitch Perfect〉와 소설 『그레이의 50가지 그림자』는 케이 캐넌과 E. L. 제임스가 출퇴근을 하는 열차 안에서 대부분 집필되었다고 한다. 〈피치 퍼펙트〉는 2012년 6,500만 달러 이상의 수익을 거두었고 『그레이의 50가지 그림자』는 2013년 9,500만 달러를 벌어들였다. E. L. 제임스는 그해 가장 높은 수익을 기록한 작가로 포브스 명단 1위에 올랐다.

그렇다고 본다면 캔디 크러시 게임을 하거나 소셜 미디어에서 사람들의 근황을 스토킹하는 그 시간이 꼭 필요한가? 정말 그렇게 〈실리콘 밸리〉*의 에피소드를 몰아서 보아야만 하겠는가? 아시는지 모르겠지만 그런 시간은 마우이섬에서 은퇴 생활을 즐기는 데에 전혀 도움이 되지 않는다!

---

* 스타트업을 소재로 한 미국 IT 드라마. —역주

중요한 건 시간 자체보다 우선순위를 정하는 일이다. 인간은 누구나 하루 24시간을 산다. 그 시간을 가장 잘 활용할 수 있도록 최고의 생산성 팁을 공유해 주겠다. 말하자면 적은 시간에 더 많은 일을 완수하는 요령이다. 이것은 부업을 하든 하지 않든 유용하며, 누구에게나 도움이 될 수 있는 특별한 시간 절약 팁이다!

· 출퇴근 시간을 지혜롭게 활용하라

내 방법은 이렇다. 아침에 몇 분간 '5분 일기장'에 글을 쓰며 의식을 일깨운다. 가능하다면 이메일이나 소셜 미디어는 집 밖으로 나갈 때까지 확인하지 않는다. 그 이유는

엘리베이터를 기다리며 2분

지하철을 기다리며 2~3분

지하철을 타고 가며 12분

커피를 기다리며 3분

다음 엘리베이터를 기다리며 1분

= 총 21분 동안 대기하면서 소셜 미디어를 확인할 시간이 있기 때문이다. 이 시간을 활용해 인스타그램, 페이스북, 트위터 피드를 확인하고(각각 1~2분) 간밤에 온 문자나 이메일에 회신하라. 총 15분. 완벽하다! 나는 이메일을 자주 확인하면 스트레스를 받는 편이다. 게다가 눈을 뜨자마자 남의 욕구

에 대해 생각하고 싶지 않다. 그러나 일기를 쓰면 나의 욕구에 집중할 수 있다.

나는 다른 사람들과 마찬가지로 소셜 미디어를 즐기고, 어느 정도는 사업에 활용한다. 그러나 2015년 《애드위크》 연구에 따르면 사람들은 하루 평균 1.72시간을 소셜 미디어에 사용하는 것으로 나타났다! 솔직히, 시시한 동영상을 보고 내 인생을 남의 인생과 비교하느라 하루에 1시간 43분을 쓴다는 것은 약간 슬픈 일이다.

• '대기 시간'을 잘 활용하라

앞에서 언급한 것과 마찬가지로, 나는 식료품점이나 스타벅스에서 줄을 서서 기다리거나, 손톱에 바른 매니큐어가 마르기를 기다리거나, 브런치를 함께하기로 한 친구를 기다리는 시간을 활용해 책을 읽거나, 준비 중인 제품 론칭과 관련해 메모를 하거나, 블로그 게시물/기사 작성을 시작하거나, 언니들에게 안부 문자를 보내거나, 덜 급한 이메일에 회신한다. 대다수 사람들은 하루 동안 아무것도 하지 않고 대기만 하는 시간이 최대 1시간 정도 있다. 미용실, 진찰, 동물 병원에 예약을 한다면 그 시간은 더 늘어난다. 그게 모이면 제법 긴 시간이 된다! 일상적인 업무를 완수하는 데 필요한 7시간 이상을 제외하고도 부업에 매달릴 시간이 남는 것이다.

생각해 보라. 슈퍼마켓에 걸어가는 동안 전화로 미심쩍은 휴대폰/진찰비 청구서 내역에 이의를 제기하고 시정했기 때문에(나는 걷거나 다른 일을 하는 동안 AT&T[통신사]에 전화하는 편을 선호한다. 통화 대기 시간이 너무 길기 때문이다.), 또한 대기 줄에 서 있는 동안 거래처 담당자에게 회신했기 때문에, 저녁에 진짜 일을 할 수 있는 시간을 30분이나 더 얻게 된다. 그때그때 처리할 수 있는 일은 그때그때 처리하라. 대기 시간이나 출퇴근 시간 중의 자투리 시간을 사용해 시간을 확보하면 조금 더 자유롭게 맑은 정신으로 집에서 진짜 일을 할 수 있다.

• 필요하다면 단호히 거절하라

나는 "안 되겠습니다."라는 말을 자주 쓴다. 이 말이 왜 마법과도 같은지 아는가? 당신에게 도움이 되지 않는 일에 "노 no"라고 말하면 당신 자신에게, 그리고 당신에게 도움이 되는 일에 "예스 YES"라고 말할 수 있기 때문이다. 거절의 기술은 내 삶을 완전히 바꾸어놓았다. 나는 "안 되겠습니다."를 최고의 비법이라고 부른다. 시간은 완벽하게 재생 불가능한 자원이고, 정확하게 사용하고 계획할 때 우리의 적이 아닌 친구가 된다. (사람들이 "시간이 없어요."라는 말을 얼마나 자주 입에 달고 사는가? 그것은 적대적인 화법이다.)

진행되고 있는 일이 많을 때는 심호흡을 하고, 잠시 여유를 갖고, 무엇이 가장 합리적인지 직관적으로 판단하라. 조깅을 할 것인가, 브런치 레스토랑에 갈 것인가? 친구와 한잔하러 갈 것인가, 두 시간 동안 블로그 관리를 할 것인가? 초대를 수락하기 전에 생각하라. "나는 이 행사가 진심으로 기대되고 기다려지는가?" 그렇다면 수락하라! 확신이 서지 않는다면 나중에 알려주겠다고 대답하라. 아니라면 정중하게 사양하라. "초대해 주셔서 너무나 감사하지만 그날은 제가 시간을 내기 어렵겠네요." 정도면 충분하다. 해보라. 장담하지만 시간이 지나면서 점차 쉬워질 것이다. 우리 모두에게는 하루 24시간이 주어지며(비욘세라도 예외가 아니다!) 시간을 가장 잘 활용하는 방법은 각자에게 달려 있다.

일주일에 한 차례 사교 만찬/술자리를 거절하고 일주일에 한 번 회의를 없애면 왕복 통근 시간을 포함해 8~9시간이 확보되지 않는가? 온전한 하루 근무일을 부업에 할애하는 셈이다! 순전히 나만 뒤처지지 않을까 하는 두려움 때문에 모임에 참석하지 말라. 당신이 당신의 스케줄을 존중하면 사람들도 당신의 스케줄을 존중해 줄 것이다.

또 다른 방법은 친구들을 한꺼번에 만나는 것이다. 부업이 성장하기 시작했을 때 나는 본업도 무척 바쁜데다 업무상의 출장도 잦았다. 약속을 거절하고 사회생활에 아주 활발한 모습을 보이지 못하게 되면서 자꾸만 사람들을 실망시킨다는 느낌이 들었다. 그래서 몇 차례 파티를 열었다! 파티는 많은 사람들이 한꺼번에 모일 수 있는 기회다. 사람들을 집으로 초대하면 친해지는 계기가 되어 깊이 있고 오래가는 관계를 구축할 수 있다. 금요일이나 토요일 저녁 시간을 비워두고 친구들에게 놀러 오라고, 원한다면 술을 가져와도 좋다고 이야기하라. 간단한 안주를 준비하고 좋은 음악을 틀면 짜잔! 친구들의 근황을 한 번에 따라잡을 수 있고, 모두가 새로운 친구를 사귈 기회도 얻는다. 집에서 여는 파티만큼 유쾌하고 친밀한 자리도 없다. 준비와 뒷정리에 드는 몇 시간은 충분히 가치 있는 투자다.

• 가능하다면 업무 시간 중 볼일을 처리하라

다소 물의를 일으킬 수 있는 항목이므로 분별 있게 실천할 것을 권장한다. 그러나 이 전략을 아주 훌륭하게 활용하는 사람들이 많다. (적어도 내가 만나 본 사람 중에서는) 그 누구도 업무 시간 내내 매 순간 바쁜 사람은 없다. 스스로 바쁘다고 이야기하거나 바빠 보일 수는 있지만 알고 보면 매일 허비되는 시간이 상당히 많다. 금요일 오후 4시나 한가로운 수요일, 사무실이 조용하고 할 일 목록에 아무것도 남지 않은 순간을 생각해 보라. 이럴 때 페이스북이나 인스타그램, 혹은 좋아하는 쇼핑 사이트에 눈길을 돌리지 말라. 쉽고 간단하게 해결할 수 있는 볼일을 처리하면 나중에 부업에 할애할 시간이 확보된다.

직장에서 한가할 때 할 수 있는 일들을 예로 들어보면 아래와 같다.

- 자동 이체 신청을 하지 않은 청구서를 온라인으로 납부한다.
- 인터넷으로 생필품을 주문한다.
- 개나 고양이의 동물 병원 예약을 잡는다.
- 병원이나 치과에 방문한다(업무 시간 후에는 예약하기가 어렵다).
- 우체국에 간다.
- 은행에 간다.
- 저녁에 할 요리를 계획한다.
- 미용실, 회계 사무소에 예약을 잡는다.

어떤 사람들은 점심시간에 헬스장에 가거나 스피닝* 수업을 받기도 한다. 훌륭한 생각이다! 그러면 직종에 따라 오후 5시나 6시부터 저녁을 온전히 나만의 시간으로 쓸 수 있다. 근무 시간 중 가능할 때 이런 일들을 해결하면 퇴근 후와 주말에 부업에 쏟을 시간을 장기적으로 수백 시간 절약할 수 있다.

----

* 실내에서 음악에 맞추어 고정식 자전거의 페달을 빠르게 돌리는 운동. ―편집자 주

• 이동 중에 통화를 하라

통화를 해야 할 사람이 있는가? 이동 중에 하라! 나는 지하철역으로 걸어가면서, 식기세척기에서 그릇을 꺼내면서, 드럭스토어인 월그린스Walgreens에서 물건을 사면서, 혹은 개를 산책시키면서 친구들에게 전화로 안부를 전한다. 어딜 가나 마이크 달린 헤드폰을 항상 휴대하면서 전화를 하거나 팟캐스트를 듣는다. 하나 더 덧붙이자면 집중력과 의욕을 유지할 수 있도록 영감을 주는 팟캐스트를 들어라.

• 구독을 취소하라

당신이 나와 비슷하다면 항공사, 미용/소매점 사이트, 뉴스 사이트 등으로부터 쓸데없는 이메일을 많이 받을 것이다. 그러지 말고 90퍼센트는 구독 취소하라. '그 사람이나 그 회사 소식을 듣지 않으면 죽을 것 같다'가 아닌 이상 받은 편지함을 깨끗이 비워라. 받은 편지함을 어지럽히는 방해 요인이 적어지면 머릿속에도 여유 공간이 생긴다. 놓쳐서는 안 될 중요한 이메일이라면 온라인으로 회신을 주고받는 것보다 전화기를 들고 직접 통화하는 편이 더 효율적이다. 서두르다 보면 조급한 마음이 이메일에서는 차갑고 퉁명스러운 어조로 전달되기도 한다. 전화 통화는 그런 불상사를 막아준다.

• **포기하라**

2014년에 나는 뉴욕에서 열린 '쓰라이브^{Thrive}' 컨퍼런스에서 아리아나 허핑턴의 강연을 들었다. 아리아나는 다음과 같은 발언으로 많은 청중을 깜짝 놀라게 했다. "프로젝트를 완료하는 좋은 방법 중 하나는 포기하는 것입니다." 하! 얼마나 기발한 발상의 전환인가. 그녀는 자신의 할 일 목록에 스키 배우기, 독일어 배우기 같은 프로젝트들이 있었다고 말했다. 하지만 전부 관두기로 했단다. 깔끔하게! 참 멋진 아이디어가 아닐 수 없다(그리고 안도감이 든다).

• **자신을 용서하라**

이따금 계획대로 못해도 괜찮다. 운동이나 독서 클럽, 혹은 그밖에 캘린더에 정기적으로 정해둔 어떤 일정이든 빼먹어도 너무 죄책감 갖지는 말라. 성공에는 희생이 필요한 법이니, 잠깐 숨 쉴 틈을 줘도 괜찮다. 다음번엔 꼭 하면 되니까!

• **텔레비전을 보면서 허드렛일을 하라**

좋아하는 텔레비전 프로그램을 완전히 포기하기란 불가능할 수도 있다는 것 인정한다. 따라서 텔레비전 보는 시간을 활용해 크게 머리 쓸 일이 없는 허드렛일을 끝내라고 권하고 싶다. 예를 들어, 나는 브라보 채널을 시청하는 동안 내가 직접 도와줄 수 없는 사람들에게 회신하면서 도움을 줄 수 있는 이를 소개해 주기도 한다. 다시 한번 강조하지만 몇 시간씩 몰아보기는 안 된다!

•아웃소싱하라

아웃소싱(외주)은 내 시간을 많이 절약해 주었다. 나는 인터뷰하려는 사람의 자료 조사에서부터 웹사이트 업데이트와 기본적인 장부 정리까지 다양한 업무를 아웃소싱한다. 아웃소싱을 통해 시간을 갉아먹는 업무를 합리적인 가격에 맡길 수 있다. 도움이 필요할 때 내가 제일 먼저 찾는 곳은 프리랜서들을 위한 온라인 장터 피버Fiverr다. 부록에서 다른 훌륭한 자원에 관한 자세한 정보를 확인하라!

•신체 리듬을 파악하라

한창 바쁠 때 나는 정오 이전에는 집필 외에 아무 일정도 잡지 않는다. 가능하다면 이메일 계정도 열어보지 않으려 노력한다. 급한 일이 생기면 전화가 올 것이기 때문이다. 아침은 내가 가장 활력을 느끼는 시간이다. 컨디션이 좋은 아침이면 2,000~3,000단어 정도를 쓸 수 있다. 하지만 오후 4시에는 창조력 없는 로봇 모드로 전락하기 때문에 절대로 그 정도의 성과를 내지 못한다.

언제 최고의 몸 상태에 이르는지 당신의 신체 리듬을 파악하라. 나와 비슷한 스타일이라면 아침 시간을 활용하라. 어떤 사람들은 밤에 최고의 기량을 발휘한다. 가장 중요한 업무에 최상의 두뇌를 사용하라. 내가 아직 풀타임으로 근무하던 시절, 나는 일찌감치 일어나 6시 30분도 되기 전에 편집자들에게 다섯 개의 기사 아이디어를 제안하곤 했었다. 블로그 게시물 하나(혹은 절반)를 쓰기도 했고, 부업과 관련한 중요한 회의 일정을 잡기도 했다. 그렇게 많은 일을 이미 성취해놓은 상태로 기분 좋게 하루를 시작했다. 가장 생산적인 시간을 부업에 할애하라. 나는 최고의 생산성을 발휘해야 할 그 시간을 운동이나 상사가 보낸 긴급하지 않은 이메일, 와인 잔으로 가득 찬 싱크대에 절대 방해받지 않게 한다.

조사 결과에 의하면 사람이 무언가를 생산하고 기운차게 움직이며 최고의 실력을 발휘하는 시간이 하루 중 최대 서너 시간이라고 한다. 이것을 '골든아워'라고 부른다. 베스트셀러 저자이자 행동경제학자인 댄 애리얼리는 골든아워가 잠에서 깬 후 처음 두 시간이라고 주장하지만 각자 자신에게 맞는 시간을 활용하면 된다. 밤잠이 없는 스타일이라도 부끄러워하지 말라! 당신이 부끄러움을 느껴야 하는 건 골든아워 한 시간이면 끝냈을 중요한 업무를 세 시간 반 걸려서 끝냈을 때뿐이다. 나는 이 문장을 오전 7시 47분에 쓰고 있다. 만약 오후 3시

47분에 썼다면 작업 속도가 훨씬 느렸을 것이다.

부업에 활용하는 이 시간을 극대화할 수 있도록 하루 일정을 조정하면 큰 변화가 찾아온다. 살다 보면 예상치 못한 자투리 시간도 생긴다. 일요일 오후 5시 지루함이나 조바심이 느껴져 집중할 수 없는 상태가 될 때처럼. 그럴 때는 페이스북을 들여다보거나 전화 걸 사람을 찾아 주소록을 스크롤하기 전에 생각해보라. "항상 시간이 없다는 핑계로 못했지만 지금 이 시간을 활용해 할 수 있는 일은 무엇인가?" 나는 이런 시간을 활용해 감사 카드를 쓰거나 욕실 물품보관함을 청소한다. 이런 일을 해놓으면 기분이 좋을 뿐 아니라 다음날부터 부업에 할애할 수 있는 시간이 늘어난다.

나는 베스트셀러 『성공하는 사람들의 7가지 습관』(김영사, 2017[뉴에디션])의 저자 스티븐 코비가 한 말을 생활신조로 삼고 자주 인용하기도 한다. "일정을 잡는 것을 우선순위로 삼지 말고 우선순위인 일들을 일정에 넣어라."

내가 창업가 친구들로부터 배운 팁들을 몇 가지 소개한다.

- 전화 통화를 할 때는 걸어 다니거나, 방을 정돈하거나, 냉장고를 비우거나, 빨래를 갠다.
- 휴대폰과 노트북의 모든 소셜 미디어 알림을 꺼둔다.
- 일을 마치고 집으로 돌아오는 길에 다음날 입을 옷을 계획한다.

- 누군가를 기다릴 때(직접 만나거나 전화 연결을 기다릴 때) 할 일 목록을 작성하거나 묵혀 둔 이메일과 문자에 회신한다.
- 머리를 말리거나 양치를 하는 동안 스쿼트를 한다.
- 네일 케어를 받거나 산책을 나갈 때 친구와 함께한다. 미용과 건강관리를 해결하면서 친구와의 밀린 수다를 만회할 수 있다.
- 세탁소나 은행, 약국에서 볼일을 보거나 조깅을 나갈 때 동기부여 팟캐스트를 듣는다!
- 요리를 하는 동안 사랑하는 사람들과 스카이프를 한다.
- 2분의 법칙을 지킨다. 2분 안에 끝낼 수 있는 일이라면 지금 당장 처리하라는 뜻이다. 그러면 할 일이 산더미처럼 쌓이는 것을 막을 수 있다.
- 일요일 밤마다 4분을 할애해 다가오는 한 주를 계획한다.

물론 가끔 피곤해질 때가 있을 것이다. 충분히 그럴 수 있다! 그럴 때는 최종 목표에 집중함으로써 정면 돌파하라. 파티 기획사 그랜트 액세스The Grant Access의 소유주인 내 친구 로렌 그랜트는 이렇게 말했다. "부업에 쓸 에너지를 찾기가 가장 어려워요! 때로는 풀타임 근무를 한 번 더 하는 것이나 다름이 없어서, 부업과 본업을 양립시키기가 쉽지 않거든요. 어떤 날 저녁에는 또 다시 두세 시간 일하고 싶은 기분이 들지 않아요. 그렇지만 목표를 향해 걸어가고 있다는 걸 알기 때문에 해내게 되더라고요."

그보다 더 중요한 게 어디 있는가?

퇴근 후 할 일

다음 주 캘린더를 보고 생략할 수 있는 일정 세 가지를 찾아라. 딱히 가고 싶지 않은 사교 모임, 가지 않아도 이상 없는 운동 수업, 근무 시간 중 재빨리 해결할 수 있는 볼일 정도면 된다. 그 세 가지를 취소하라! 부업에 할애할 수 있는 시간이 방금 확보되었다.

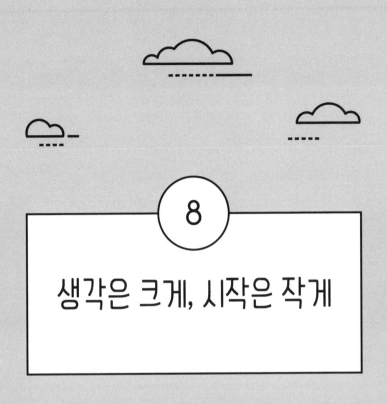

8

생각은 크게, 시작은 작게

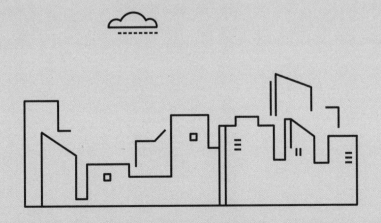

"어떤 역경이든 생각만큼 우리에게 심한 타격을 주지 않는다.

결과에 대한 두려움은 언제나 결과 자체보다 더 크다."

숀 아처
긍정심리학자, 굿씽크GoodThink 설립자

—

"어떤 일을 하지 않고, 포기하고,

사무직 일자리로 되돌아가야 할 이유는 언제나 무수히 많다.

부정적인 시각으로 문제에 접근하면

반드시 실패하게 되어 있다.

당신은 생각보다 일을 벌이는 데에 훨씬 뛰어난 재능이 있다!"

메리 킨 도슨
하우 쉬 메이드 잇How She Made It 창립자

이번 장은 본인의 욕구와 직장, 가족, 친구, 혹은 세상의 요구 사이에서 명확하게 선을 긋는 데 어려움을 느끼는 사람들을 위한 내용을 담고 있다. 다음은 내가 직원으로 일하던 시절 주고받은 이메일이다.

제목: 오늘

안녕하세요. 죄송하지만 오늘은 하루 회사를 쉬어야 할 것 같습니다. 2시 30분에 회의가 있는데, 방금 목요일로 일정을 조정했습니다. 이메일 확인이 가능하니까 혹시 거래처와 관련해 일이 생기더라도 바로 대응할 수 있을 거예요. 급한 용무가 생기면 휴대폰으로 연락 주세요.

내일 뵙겠습니다.

따뜻한 마음을 담아,

수지

회신: "걱정 마세요. 내일 봐요, 수지 씨!"

자, 하루 휴가를 내면 어떤 일이 벌어지는지 보라. 아무 일도 생기지 않는다. 놀랍게도 내가 휴가를 낸 그 날 아무도 죽지 않았다. 내가 휴가를 냈다는 소식이 6시 뉴스에 보도되는 일도 없었다. 맷 라우어가 인터뷰를 하자고 내게 전화를 걸지도 않았고, 〈데이트라인〉* 진행자가 촬영팀을 데리고 우리집 앞에 나타나지도 않았다.

잠시 현실을 깨닫자. 당신이 하루나 이틀 휴가를 내고 부업에 필요한 자료 조사를 하거나, (은행 직원, 만나고 싶은 블로거, 당신의 로고를 만들고 있는 디자이너 등) 사람들을 만나거나, 마침내 책의 최종 원고를 마무리하고 싶다고 치자. 때로는 간신히 시간을 끼워 맞춰서라도 휴가를 낼 필요가 있다. 이를테면 셰릴 스트레이드는 어린 자녀들이 있었지만 3주 동안 숲으로 들어가 베스트셀러 『와일드』(나무의철학, 2012)를 완성했다. 또 나는 크리스 제너를 인터뷰할 때 하루 휴가를 냈다. 상사가 필히 참석해야 하는 긴급회의를 소집해서 전화 인터뷰를 방해하거나, 오랜 기간 공들여 잡은 미팅을 고객의 막판 요청으로 망치고 싶지 않았기 때문이다.

---

* 미국 NBC방송의 시사 프로그램. —편집자 주

당신도 그렇게 할 수 있다! 당신이 해야 할 일에 '잠시 멈춤' 버튼을 눌러 둔다고 해서 다른 사람의 인생이 크게 달라지지 않는다. 너무나 많은 사람들이 이렇게 생각한다. '휴가를 내라고? 절대 안 돼! 난 못해. 그럴 수는 없어.' 업무에 너무 깊숙이 관여하고 있어 잠시라도 자리를 비우기가 어려운 듯이 느껴지는가 보다. 하지만 미국 대통령에게도 휴가는 있다. 무언가를 두려워하면 상황이 실제보다 심각하게 느껴지기도 한다. 우리가 일어날지도 모른다고 생각하는 상황은 현실과 크게 동떨어져 있는 경우가 많다.

몇 해 전 절대 휴가를 내지 않는다는 걸 자랑스러워하는 어떤 분을 만났다. 나는 휴가 계획에 관해 이야기하던 참이었다. 그는 "저는 절대로 그렇게 오래 휴가를 낼 수가 없을 거예요."라고 말했다. 링크드인LinkedIn에서 일하는 분이었다. 왜 안 되냐는 내 질문에 그는 특별한 이유도 없는 것 같았으나 "중요한 프로젝트를 진행 중"이라고만 대답했다. 나는 짧은 휴가라도 다녀오면 긴장을 풀고 재충전하는 데 분명 도움이 될 것이며, 자리를 비운 동안 동료들이 업무를 대신해 줄 거라고 그에게 말해 주고 싶었다. 더구나 "중요한 프로젝트"는 끊이지 않고 생겨난다.

경우에 따라서는 하루나 이틀 휴가를 내기가 곤란할 수도 있다는 점 이해한다. 그러나 고용주는 당신의 휴가 사실을 한

두 주 뒤면 까맣게 잊어버릴 가능성이 매우 높다. 게다가 휴가는 당신의 개인 사업에 평생 가는 영향을 끼칠 수 있다. 우리는 앞으로 나아가기 위해 조금 다른 관점이 필요할 때도 있다.

휴가를 떠나는 일에 대한 이 두려움을 보면 우리가 삶 속에서 얼마나 많은 일을 크게 부풀려 생각하는지 짐작할 수 있지 않은가? 실제 현실은 전혀 그렇지 않은데도 우리의 뇌는 자동으로 최악의 상황을 가정하고, 새로운 모험을 시작하려 할 때 그 두려움은 곱절로 늘어난다.

가령 부업을 시작했는데 바라던 것보다 본격적인 궤도에 오르기까지 시간이 더 오래 걸린다고 치자. 그러면 뭐 어떤가? 초기 비용이 바라던 것보다 약간 더 들 수도 있다. 그러면 또 어떤가? 당신은 배우고 있지 않은가! 물론 시작 비용은 전혀 들지 않거나 아주 조금만 드는 편이 좋긴 하다. 엄청난 성공을 거둔 라이프스타일 웹사이트 마인드바디그린은 거의 아무런 투자 없이 시작되었다. 제이슨 와코브는 이렇게 말했다.

"제 철칙은 사업은 자기 힘으로 해야 하고, 규모를 확장하는 방법을 100퍼센트 알고 확장할 준비가 될 때까지는 남의 돈을 끌어다 쓰지 말아야 한다는 것입니다. 자기 힘으로 하다 보면 브랜드와 훌륭한 제품을 구축하고 매출을 늘릴 창의적인 방법을 찾는 데 집중할 수밖에 없죠. 이런 것들이 강한 기업의 필수 요소이기도 하고요. 성장을 돈으로 해결하려 하지 말고 성장하는 방법을 배울 필요가 있습니다. 적은 자본으로 어디까지 갈 수 있는지 직접 도전해보시면 깜짝 놀랄 겁니다. 저희는 아무 기반도 없이 마인드바디그린을 시작했어요. (2007년에 팀과 카버와 제가 5천 달러를 모은 게 전부였죠.) 사업을 시작하는 데 꼭 필요한 한 가지는 열정이에요. 자본은 언제든 구할 수 있고 시장도 언제든 찾을 수 있지만 열정이 없다면 곤란해요."

가령 아름답게 꾸민 당신의 새 웹사이트에 론칭 첫 주부터 방문자가 몰려들지 않는다고 치자(분명 그럴 것이다).《에스콰이어》나《코스모폴리탄》의 에디터가 당신의 투고를 퇴짜 놓는다 치자. (나는 200번 이상 퇴짜를 맞았다.) 그러면 뭐 어떤가? 인내는 성과로 보답한다. 내 친구 루파는 사업 초창기를 회고하며 이렇게 말했다. "며칠 전 (교통체증에 꼼짝 못하고 있는데) 이런 표지판이 눈에 들어왔어요. '마음을 편안히 가지세요. 때가 되면 도착할 테니까요.' 물론 중간중간에 만나는 조언과 멘토는 큰 자산이지만 다시 그때로 돌아간다 하더라도 다르게 했을 것 같지 않아요. 그 시절의 '젊은 루파'는 그냥 가는 과정을 즐겨야 한다고 생각해요!"

어떻게 하면 두려움을 떨쳐버리고 그 과정을 즐길 수 있을까? "그러면 뭐 어때?"는 내가 관점을 달리하고자 할 때 곧잘 떠올리는 질문이다. 나는 대단히 참을성 없는 사람이다. 이런 성격은 좋은 점도 있고 나쁜 점도 있다. 나는 항상 성공에 급급했고 하루라도 빨리 사업을 키우고 싶어 조바심을 냈다. 하지만 성공하려면 시간이 걸린다. 그 사실을 지금 알아두어라. 부업이 더욱 매력적인 이유가 바로 여기에 있다. 풀타임으로 전념할 준비가 될 때까지 본업을 충실히 수행하면서 시간을 두고 조금씩 키워 나갈 수 있기 때문이다.

누구나 패배와 좌절을 겪는다. 그것은 인생의 일부이고 틀림없이 사업의 일부이기도 하다. 내가 처음 인터넷에 출시한 제품은 딱 두 세트가 팔렸다. 내 친구 한 명은 60석 규모의 뉴욕 공연장에서 난생 처음으로 음악 행사를 주최했는데 총 11명이 왔고 그중에 두 명은 부모님이었다. 많은 작가들이 세 번째나 여덟 번째, 혹은 열한 번째 책을 출간한 후에야 일정 수준의 성공에 다다른다.

흔히들 말하듯 여정이 곧 길이다. 제품을 출시해보고 첫 파티를 열어보고 몇 권의 책을 내보면 길이 보이기 시작한다. 어떻게 개선해야 할지 판단이 선다. 그다음으로 할 일이 무엇인지도 깨닫는다. 그러나 첫걸음을 떼지 않고서는 아무 데도 갈 수 없다. 실제로 내가 아는 유명 최고경영자는 두 번 파산한 적이 있다고 밝혔다. 두 번이나! 지금 그는 업계에서 다시 훨훨 날아다니고 있다. 그는 또 어떤 고객이 어느 날 아침 약속한 결제 대금을 들고 와주지 않았더라면 세 번째 파산을 선고할 뻔했다고도 말했다. 월급을 줄 돈도 없던 상황이었기 때문이었다. 책을 열한 권 쓰라거나 파산을 하라는 이야기가 아니라, 좌절이 막다른 길은 아니라는 이야기다. 좌절은 다음 단계를 위해 길을 밝혀준다.

장애물을 만난 후에도 계속 전진한다면 사람들은 당신을 눈여겨볼 것이다. 미디어 대행사 니오앳오길비Neo@Ogilvy의 매니징 디렉터이자, 비즈니스우먼 커뮤니티인 하우 쉬 메이드 잇의 창립자 메리 킨 도슨도 그 생각에 동의한다. "듣기 좋으라고 하는 소리처럼 들릴지 모르지만 사람들은 당신이 첫 번째, 두 번째, 심지어 세 번째에 성공하지 못하더라도 '도전'한다는 사실 자체만으로 당신을 존중한다는 걸 아셔야 합니다. 도전하는 사람들은 항상 희소가치가 있고, 기회는 제 경험상 언제든 생각하는 사람보다 도전하는 사람에게 돌아갈 가능성이 높더라고요."

최근에 나는 부커상 후보에 오른 베스트셀러 소설 『리틀 라이프』(시공사, 2016)를 읽기 시작했다. 저자 한야 야나기하라는 《T: 뉴욕타임스 스타일 매거진》의 부편집장으로 풀타임으로 일하면서 18개월에 걸쳐 이 책을 썼다. 그녀 입장에서는 굉장한 업적이었고 절대 우연한 행운이 아니었다. 노력이 필요한 일이었다! 어떤 일에 전념할 때 얻을 수 있는 성과는 놀랍다. 당신이 아직도 꼼짝 못하는 기분이 든다면 과도한 사교 모임을 단념하는 것 그 이상의 노력이 필요할지도 모른다.

토머스 에디슨은 "우리가 해낼 능력이 있는 일을 전부 해낸다면 스스로도 크게 놀라고 말 것이다."라고 말했다. 당신이 하루에 한 시간 부업에 전념한다면 무슨 일이 벌어질까? 두 시간을 한다면, 일주일에 닷새를 한다면, 어떤 멋진 일이 일어날까? 한야 야나기하라를 보라. 나는 그녀가 원고에 매달리는 동안 밑도 끝도 없는 브런치 모임에 흐지부지 시간을 낭비했을 거라 생각하지 않는다. 부업을 하는 동안에는 사람들과 어울리는 일을 소홀히 할 수밖에 없으니, 부업은 비용 절약에도 도움이 된다. 부업을 하면 돈을 쓰지 않고 오히려 벌 수 있다. 이뿐 아니라 당신 자신과 미래에 투자하게 된다.

기억하라. 이건 부업이다! 당신은 새로운 사업을 구축해나가는 동안에도 생계의 기반이 되어주는 본업으로 여전히 바쁠 것이다. 하지만 그게 열의를 덜 보이거나 미루어도 좋다는 핑계가 될 수는 없다. 내 친구 메리는 이렇게 말했다. "저는 정해진 경력 계획을 따르기보다 목표/목적 지향적인 전략을 추구해 왔어요. 목표를 달성할 때마다, 그리고 목표와 목표 사이에서 잠시 숨 돌릴 때도 다음에 오르고 싶은 산꼭대기를 바라보았죠."

나도 비슷한 접근법을 따라 6개월 단위로 목표를 설정한다.

6개월 정도면 너무 요원하지 않은 성취를 염두에 두고 지금 할 수 있는 일을 하기에 완벽한 간격의 기간이라고 생각한다.

내가 좋아하는 중국의 옛 격언이 하나 있다. "나무 심기에 가장 좋은 때는 20년 전이었다. 그 다음으로 좋은 때는 바로 지금이다." 미래는 현재에 만들어진다. 두려움을 떨치고 도약하라. 지금, 바로 지금 실행하라.

퇴근 후 할 일

부업에 도움이 되고 괜한 큰 걱정을 떨쳐낼 수 있는 일 중에 (사소하더라도) 오늘, 지금 당장 할 수 있는 일은 무엇인가? 그 일을 실천하라.

부업을 위한 할 일 목록을 만든다. 우선순위에 따라 순서를 매긴다. 목록은 자연스럽게 구체화되고 한 가지 작업을 마치면 그다음에 진행할 작업이 떠오를 것이다. 너무 부담스럽지 않도록 할 일을 여섯 가지로 유지하라. 그리고 각 항목은 동사로 표현하라! 예를 들면:

"도니와 통화해 웹사이트에 관한 조언을 얻는다."

"새 엘리베이터 피치elevator pitch*를 구성하고 연습한다."

"《셰이프》잡지의 편집자에게 이메일을 보낸다."

이렇게만 쓰면 안 된다:

"토니"

"엘리베이터 피치"

"《셰이프》"

동사는 행동을 촉진하고 당신을 계속 나아가게 한다!

---

* 엘리베이터를 타고 내리는 정도의 짧은 시간 동안 흥미가 확 끌리도록 제품이나 서비스를 소개하는 일. —편집자 주

9

비굴해지지 않고 영업하는 확실한 방법

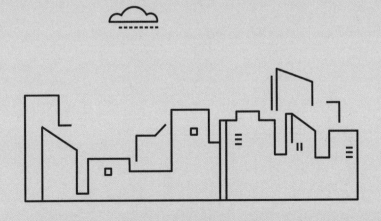

"빌으려면 우선 주이야 힌다."

노자

매출을 내지 못한다면 부업은 취미일 뿐 그 이상은 아니다. 부업이 당신에게 소득을 안겨주지 않는 한 당신의 인생을 바꿀 힘도 없다. 아무리 오랫동안 블로그를 하고 인스타그램에 게시물을 올리고 친구들에게 호의를 베풀더라도, 결제 대금이 은행 계좌나 페이팔 계정에 찍힐 때까지는 취미라고 할 수밖에 없다. 하지만 이 책은 취미 서적이 아니고, 우리는 돈을 벌기 원한다.

매출은 입에 올려서는 안 될 금기어처럼 느껴질 수 있지만 현금 흐름 없이는 사업도 없다. 이번 장에서 당신이 얻어가야 할 게 있다면 그것은 바로 고객들에게 제품이나 서비스를 가치 있게 포지셔닝하는 방법이다. 아울러, 무언가를 요구하기에 앞서 가치를 주는 사람이 될 필요가 있다. 그러기 위한 훌륭한 방법은 글쓰기다. 완벽한 글을 써야 한다는 이야기가 아니다. 글솜씨가 뛰어나야 할 필요도 없다. 다만 글쓰기는 다른 어떤 방법보다도 사업을 더 빨리 성장시켜 줄 수 있다. 아이디어와 팁과 정보를 공유하는 것은 당신을 알릴 수 있는 효과적이고 경제적인 방법이다. 블로그, 트위터를 이용해도 좋고, 온라인 매체에 기사를 투고하거나, 이름 있는 블로거에게 게스트 게시물을 맞교환하자고 제의해도 좋다.

나는 코치나 작가로 보수를 받기 전에 무료로 많은 글을 썼고 작게나마 독자층도 구축했다. 오래전 미래학자 게르트 레온하르트에게서 관심이야말로 가장 중요한 화폐라는 사실을 배웠기 때문이다. 그는 "누가 돈을 지불하는지 묻지 말고 누가 관심을 갖고 있는지 물어라."라고 말했다. 글쓰기는 정확히 누가 정확히 무엇에 관심을 갖고 있는지 알아보는 훌륭한 방법이다. 저작물의 조회 수, 공유, 댓글을 바탕으로 무엇이 사람들의 마음을 건드리는지 파악할 수 있다. 그들이 더 자세히 알고 싶어 하는 내용도 파악할 수 있다. 굶주림이 있는 곳, 관심이 있는 곳에 시장이 있다. 인터넷은 완전히 투명하고, 그 점에서 멋진 도구다.

일례로 내가 편집자에게 보낸 제안 이메일을 하나 소개한다. 내용은 최대한 간단하게 작성한다. 원한다면 자유롭게 응용하라!

안녕하세요, 제니 씨!

저는 허핑턴포스트와 마인드바디그린(을 비롯한 여러 다른 매체)의 필자입니다.

저자 페이지는 다음 링크를 참고하실 수 있습니다:

http://www.huffingtonpost.com/susie-moore/

http://www.mindbodygreen.com/wc/susie-moore

저는 지금 '시청 결혼식courthouse wedding*이 끝내주게 좋은 10가지 이유 – 최고의 현대적 옵션'이라는 제목으로 기사를 쓰고 있습니다. 뉴욕 시청에서 올린 제 결혼식 경험을 공유하면서, 이것이 제 인생 최고의 결정이었다고 생각하는 이유와 20대에 결혼 생활을 시작하기에 가장 좋은 방법인 이유를 소개합니다.

시청 예식은 간편하고 비용이 많이 들지 않으며 (신랑 신부 단둘뿐이라) 로맨틱합니다. 맷 데이먼, 제시카 알바, 키이라 나이틀리, 심지어 매릴린 먼로와 조 디마지오에 이르기까지 놀랄 만큼 많은 연예인들이 이런 예식을 했지요.

결혼식은 스트레스, 가족 갈등, 빚더미의 큰 원인인데요. 시청 결혼식은 이 모든 우려를 날려줍니다. 걱정거리는 대폭 줄이고, 여유 있게 신혼여행(과 살 집)을 계획할 수 있을 뿐 아니라 좀 더 오래가는 물건들에 통장 잔고를 쓰면서 결혼 생활을 시작할 수 있어요! 저는 귀 매체의 독자들이 이 글에서 큰 가치를 발견할 거라고 생각합니다.

---

* 시청에서 소박하게 혼인신고를 하며 결혼식을 올리는 것을 말한다. —편집자 주

당신도 이 기사에 매력을 느끼시길 바라며, 회신 기다릴게요, 제니 씨!

대단히 감사합니다.

수지

기사를 제안할 때(다른 어떠한 제안도 마찬가지지만) 내가 가급적 지키는 세 가지 원칙이 있다.

1. 개인적인 어조를 유지한다. 사람들은 인간적인 면에서 교류하기를 좋아하고 이야기를 사랑한다. 인간은 선천적으로 이야기에 열중하고 거기에 빠져드는 특성이 있다. 명강사일수록 하나같이 이야기로 강연을 시작한다는 걸 눈치챈 적이 있는가? 당신의 이야기를 활용하라.

2. 독자에게 전달되는 가치에 초점을 맞춘다. 나는 '20대' 예비부부의 입장에서 이야기를 풀어가면서 한정된 예산으로 결혼식을 올려야 하는 독자들이 나의 팁에서 '큰 가치'를 얻을 수 있다고 강조했다. 매일 신선한 게시물이 필요한 편집자와 편집팀에게 흥미롭고 의미 있는 콘텐츠를 제공하고 있는 것이다. 이 훌륭한 잡지에 기사를 내보는 게 평생의 꿈이었다거나(물론 오랫동안 내 목표 중 하나이긴 했지만), 그로 인해 내가 얻는 이득에 관해서는 한마디도 언급하지 않았다.

3. 시의성을 유지한다. 이 특정 기사는 킴 카다시안과 카니예 웨스트가 시청에서 결혼식을 올린 주에 발행되었다. 연관성이 있고 화제가 될 만한 아이디어를 제안하면 성공 확률을 높일 수 있다!

진짜 성공은 후속 대응으로 판가름이 난다. 나는 이 편집자에게 7번 이상 이메일을 보냈다. 한 번도 회신이 없는 여러 다른 편집자들에게도 후속 이메일을 보냈다. 즉 기사가 한 번 발행되기까지 약 50통의 이메일을 보냈다는 뜻이다. 결국 나는 이 매체와 업무 협약을 맺고 불과 몇 개월 안에 20개 이상의 유료 기사를 납품했고, 수많은 유명인을 인터뷰할 기회를 얻었다. 이 경험은 다른 간행물에 글을 쓸 수 있는 지렛대 역할을 했다. 작은 것부터 시작하되 큰 꿈을 가져라. '노No'라는 말을 답변으로 인정하지 말라. 당신이 활동하는 분야에서는 기사를 제안할 일이 없다고 해도 마찬가지다. 어쩌면 당신은 새로운 잠재 고객 앞에서 무언가를 제안할 수도 있고, 이제 막 준비하기 시작한 행사를 위해 개최 장소를 물색 중일 수도 있다. 어느 쪽이든 거절을 당해도 끈기와 낙천적 태도를 잃지 않는 게 열쇠다. 집필 활동을 최종 목표로 삼고 있지 않더라도 글쓰기를 소홀히 해서는 안 된다. 이미지를 끌어올릴 수 있는 방법이기 때문이다.

실제로 스팽스의 세라 블레이클리는 "거절은 아무런 의미가 없다."고 이야기한다. 그녀는 사람들이 면전에서 자신의 명함을 찢어버린 적도 있다고 내게 말했다. 그녀와의 인터뷰는 즐거웠을 뿐 아니라 눈이 번쩍 뜨이는 경험이었다. 우리는 성공한 사람들이 우리보다 쉽게 그 성공을 손에 넣었다고 생각하곤 하지만 알고 보면 그들도 많은 실패와 역경을 견디어냈다. 그래도 계속했다는 차이가 있을 뿐이다. 포기는 실패를 보장한다. 내 경험으로 입증된 바와 같이, 네트워크를 동원하고 꾸준함을 유지한다면 사람들에게 연락이 닿고 기회를 붙잡기란 생각보다 어렵지 않다. 명망 있는 대형 출판사에서 돈을 받으면서 내 자신감은 크게 높아졌다. 진짜 작가가 된 기분이었다. 아니, 진짜 작가였다! 그리고 주변에 "도통 일이 없다."고 이야기하는 작가/예술가/프리랜서 친구들이 아무리 많아도, 실제로는 생각보다 훨씬 제약이 적다는 사실이 점점 더 명확해졌다. 기사를 제안하는 일만 그런 것도 아니다. 당신이 선택한 관심 분야와 부업이 무엇이든, 끈기를 갖고 낙관한다면 분명히 틈새를 찾을 수 있다.

당신 자신을 프로로 자리매김해야 한다.

자신의 제안, 제품이나 서비스에 대해 이야기하고 그것을 잘 포장하여 적절하게 포지셔닝하고 그 대가로 원하는 바(일자리, 소개, 새로운 고객, 기회)를 요구할 줄 아는 사람은 커다란 우위를 선점하게 된다. 취업이 되고, 일거리를 구하고, 계약을 성사시키는 사람들은 단순히 자격 조건을 갖추어서 그런 것이 아니라 똑똑하게 요구하는 법에 훈련이 되어 있는 사람들이다. 물론 그들은 큰 가치를 제공해 주지만(오랫동안 살아남으려면 반드시 그래야만 한다) 제아무리 뛰어난 라이프 코치/요가 강사/투자 자문이라도 아무도 그 사람을 모른다면 전혀 의미가 없다. 나는 쓰이지 못하고 잠자는 재능을 볼 때마다 가슴 아프고 안타깝고 미칠 것 같은 기분이 든다. 비명이라도 지르고 싶은 심정이다! 누구든 때때로 재능을 썩히는 잘못을 저지르지만 어떤 사람들은 남들보다 훨씬 자주 이 죄를 저지른다. 우리는 자신이 어떤 사람인지 너무 잘 알기 때문에, 자신을 알리는 일에 주저할 때가 많다.

이런 일이 당신에게 일어나지 않게 하려면 디지털 경영 자문회사 턴 레프트Turn Left의 창립자이자 오랫동안 나의 멘토였던 피오나 매키넌의 조언을 따르라. "자기 자신을 저 바깥에 내놓을 준비를 하세요. 요즘에는 그게 반드시 실제 세상일 필요도 없고 온라인이나 소셜 관계를 통해서도 가능하죠. 모든 대화가 당신의 일로 연결될 수 있습니다. 그야말로 '모든' 대화가요. 아이디어나 연락처, 소중한 2차 의견, 그 무엇이든 계약이나 판매로 이어질 수 있어요."

하지만 자료 조사 없는 네트워킹은 반쪽짜리에 불과하다. 트렌드, (파트너가 될 수도 있는) 경쟁사 정보는 물론, 중요한 아이디어나 포지셔닝의 변화를 만들어낼 수 있는 전반적인 경제와 시장의 영향을 훤히 파악하고 있어야 한다. 그리고 후속 연락을 잊지 말라! 나는 매주 아무 용건 없이도 끈끈한 관계를 유지하기 위해 통화하고 지내는 사람들의 명단이 있다. 진정성 있고 끈끈한 관계를 구축해둘 경우, 언젠가 때가 맞으면 기회가 생길 것이다. 나는 사업 첫해에 (옛 친구와 새로운 친구를 모두 포함한) 친구의 친구들, 페이스북, 링크드인, 자선활동을 통해 알게 된 지인들, 무료 비즈니스 네트워크 행사의 도움을 골고루 받았다. 하나 더. 누군가 시간을 내어 당신의 말을 들어주거나 조언을 해주거나 명함을 받아주거나 당신의 부업에 관해 언급해준다면 부디 감사의 인사를 잊지 말라. 당신에게는 대수롭지 않은 행동으로 느껴질 수 있더라도 상대방에게는 의미 있는 행동이었고, 그 우연한 만남이 어디로 이어질지는 아무도 모른다.

나는 10년 동안 영업직에 종사하면서 다음 기술과 요령을 터득했고 내 삶의 여러 분야에 적용하고 있다.

• 자신을 인정하라

당신이 잘하는 일에 대해 분명하고 구체적이며 자신감 넘치는 태도를 보여라. 강점에 초점을 맞추면 약점을 걱정할 때보다 훨씬 더 멀리, 훨씬 더 빨리 갈 수 있다.

• 이해할 수 있게 설명하라

너무 복잡하면 안 된다. 최고의 박사와 과학자들도 모든 연령대의 사람들이 이해할 수 있도록 단순하게 설명한다. 단 한 문장으로 당신의 부업을 설명할 수 있는가? 메시지/제안이 너무 복잡하면 타깃 시장이 흥미를 잃어버리게 된다.

• 요구하기 전에 많이 베풀어라

오늘 오후에 나는 처음 2주 동안 25달러에 무제한 수강이 가능한 요가 수업에 갈 예정이다. (매일 갈 경우, 수업 한 회당 3.5달러를 내는 셈이 된다.) 에어비앤비 호스트는 초기에 낮은 가격을 제시하여 신뢰도를 쌓는다. 제모 서비스 체인인 유러피언 왁스 센터에 가면 첫 회는 50퍼센트 할인을 받을 수 있다. 똑똑한 회사들은 요구하기 전에 먼저 베푼다. 온라인 출판 쪽에서 이 방법은 시작의 원칙으로 통한다. 돈을 받고 글을 쓰기 원한다면 먼저 무료로 많은 글을 쓰고, 저작물의 견본을 보여주고, (아주 소수라 하더라도) 애독자들을 모으는 게 이상적이다. 개인 블로그는 절대적으로 중요하다! 대다수 사람들이 이 대목에서 실수를 저지른다. "내가 왜 유튜브에 무료로 시범 영상을 올려야 해? 사람들이 돈을 내고 봐야지!" 혹은 "내가 뭐하러 그 사람 블로그에 게스트 게시물을 내줘? 좋은 자료를 그 블로그에 넘겨주고 싶지 않아."와 같이 말하는 사람들이 있다. 이것은 완전히 잘못된 접근법이다.

•다른 사람들에게 투자하라

당신의 시간과 에너지, 경우에 따라서는 약간의 돈도 내어주어라. 나의 가장 큰 취미는 독서다. 나는 책을 많이 읽고, 그러다 보니 책 추천을 많이 한다. 내가 오랫동안 톡톡히 효과를 본 방법이 하나 있다. 마음에 드는 사람을 만나거나 조언에 감사를 표하고 싶거나 꼭 뭔가를 주고 싶은 마음이 들 때(나는 이런 일이 자주 생긴다. 베푸는 게 중요하다는 걸 반드시 기억하라!) 책을 한 권 보내는 것이다. 전자책이나 종이책 둘 다 좋다. 상대방이 킨들을 갖고 있다면 아마존을 통해 즉시 킨들 북을 선물할 수 있다. 사람들은 책 선물에 무척 감동을 받는다. 특히 자신에게 도움이 되는 책이라면 더욱 그렇다. 감동적이고 유익한 책의 값어치를 돈으로 환산하기란 불가능하다! 돌아오는 이익은 끝이 없다. 어떤 책은 5달러도 채 되지 않는다. 게다가 무언가를 공짜로 주는 사람이 없는 세상이다 보니 더더욱 특별하다. 시도해보라! 또한 연결자 역할을 하라. 사람과 사람을, 사람과 기회를 연결해 주는 사람이 되라는 뜻이다.

•마음을 열고 직감을 믿어라

피오나 매키넌은 이렇게 말했다. "자료 조사를 하고 온라인 그룹에 가입하되 전문가의 도움을 과소평가하지 마세요. 저는 회계사, 재무 상담사, 코치/멘토가 중요한 역할을 해준 덕분에 제가 가야 할 길에 집중할 수 있었죠. 하지만 중심은 당신이어야 해요. 그러니까 부업이 당신에게 어떤 의미인지 깊이 생각해보세요. 그러고 나서 매일 그 목표를 달성하기 위해 무언가를 하세요. 저는 항상 노트북을 가지고 다니면서 전략, 아이디어, 연락처, 이름, 제품, 계획을 끊임없이 기록해요. 스타트업 턴 레프트의 '아하!' 순간은 인도에서 버스를 타고 가다가 다가왔죠! 저는 열네 살 때부터 부업 아이디어를 구상해왔지만 그걸 현실화한 건 바로 지금이에요." 어디서든 갑자기 떠오르는 영감에 대비하라.

퇴근 후 할 일

당신의 제품이나 서비스를 구매하고 싶어 하는 사람들을 온라인과 오프라인 어디에서 찾을 수 있을지 생각해 보라. 그들은 어떤 글을 읽는가? 어떻게 시간을 보내는가? 어떤 웹사이트에 아이디어를 제안할지 브레인스토밍하고 그 웹사이트에 올라오는 글들이 어떤 내용인지 살펴보라. 당신이 만약 헬스 코치라면 《셰이프》 잡지에 '케일에 대해 당신이 몰랐던 다섯 가지 사실'이라는 글을 제안해 볼 수도 있을 것이다. 직업 상담사라면 '이력서 작성 시 범하기 쉬운 실수 10가지'에 관해 링크드인에 포스팅할 수도 있다. 이런 식의 홍보 방법을 '콘텐츠 마케팅'이라고 하는데, 어떤 유형의 사업에도 적용이 가능하다. 당신의 잠재 고객은 어디에 있고, 500~800 단어로 당신이 그들에게 가르쳐줄 수 있는 내용은 무엇인가?

10

자기 홍보에 대한
모든 것

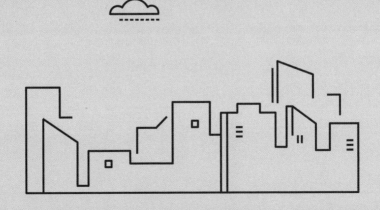

"남들이 내 생각을 하는 경우가 거의 없다는 걸 깨닫는다면

남의 시선을 덜 걱정하게 될 것이다."

엘리너 루스벨트

—

"지독한 자기 중심주의자라는 게

자신이 하는 일과 자신의 예술 혹은 음악에

신념이 있는 사람이라는 뜻이라면 나를 그렇게 불러도 좋다.

……

나는 내가 하는 일을 믿고 그 점을 인정한다."

존 레넌

냉혹한 진실을 하나 알려줄까? 당신을 홍보하는 것은 다른 누구의 일이 아니라 반드시 '당신'이 해야 할 일이다. 타오르는 열망이 엄청난 부업으로 발전할 수도 있는데, 아이디어를 내세우기 주저하는 마음 때문에 침묵을 지킨다면 어떤 기분이 들겠는가? 웨인 다이어 박사의 표현대로 만약 당신이 "못다 부른 음악을 품은 채로 죽는다 해도" 괜찮은가? 나는 절대 그럴 리가 없다고 본다. 남들은 어차피 자기 일(청구서, 몸무게, 페이스북 계정 등)에 신경 쓰느라 당신의 창업이라는 새로운 모험을 비판할 겨를도 없다. 그러니 과감하게 밖으로 꺼내 보여라!

나는 처음으로 동영상을 올렸을 때 공포에 질린 상태였다. 다음과 같은 생각이 머릿속에 맴돌았기 때문이었다.

• 젠장! 모두들 내가 멍청하다고/잘난 척한다고/자기밖에 모른다고 생각할 거야!"
• "내가 무슨 말을 하든 누가 진짜 신경이나 써줄까?"
• "맙소사, 나의 프레너미(친구인 척 하는 적)들이 고개를 가로저

으며 비웃겠지.”

- “나 너무 징그러워 보여. 카메라가 너무 가깝잖아. 이런 부분도
  조금 더 생각했어야 했는데.”
- “이건 일단 게시하면 평생 가는 거야. 위험한 짓이라고.”

이제 나는 동영상을 정기적으로 올리고 새로운 영상이 나
올 때마다 긴장과 흥분을 동시에 느낀다. 철학자 괴테는 “쉬
위지기 전에는 모든 것이 어렵다.”고 말했다. 물론 나도 사람
들이 내 영상을 좋아해 주길 바란다. 하지만 그 과정은 더 이
상 예전처럼 공포스럽지 않고, 누군가 내 영상을 마음에 들어
하지 않는다 하더라도 견딜 만하다.

나에게 코칭 받는 사람들이 공통적으로 우려하는 것은 자
신의 작업물을 세상 밖으로 내놓는 일이다. 전적으로 이해는
한다. 시작에 대한 두려움은 극복해야 할 장애물이지만 그게
끝은 아니다. 자기 작품을 밖으로 내놓고 자기가 하는 작업을
남에게 보여주는 일에 대한 두려움도 또 하나의 큰 장애물이
기 때문이다. 나는 정규직으로 근무할 때 ‘진짜 삶’이 제대로
시작되지 않았다는 찜찜함을 느꼈다. 물론 진짜 삶은 이미 흘
러가고 있었다. 평생 하고 싶은 일을 찾았지만 너무 겁이 나
서 말도 꺼내지 못했을 뿐이었다.

그러다가 친구들 한 명 한 명에게 내가 라이프 코치 교육

을 받고 있다고 말하기 시작했고, 수강 중인 과정에 대해서도 이야기했다. 당신이 밟고 있는 단계를 가까운 사람들에게 알려라. 친구들은 축하해 주면서 지지를 보낼 것이다. (만일 그러지 않는다면 새로운 친구를 찾아라!) 하지만 내 친구들이 다 고객이 되어주지는 않았다. 나는 고객을 만들어야 했다. 아무 정보 없이 고객이 생길 리 없다. 당신이 하는 일을 알리고 스스로를 홍보해야 한다. 당신이 세계 최고의 라이프 코치/인테리어 디자이너/스탠드업 코미디언이라 한들 그 사실을 아는 사람이 없다면 아무 소용이 없다.

나는 내 연락처 명단의 모든 사람에게 매주 일요일 뉴스레터를 발송하기 시작했다(물론 수신 거부 신청이 가능하도록). 이 작업은 지금까지도 이어지고 있다. 좋아하는 인용문, 다양한 생활 소재에서 얻은 통찰은 물론, 디팩 초프라, 잭 캔필드, 제임스 알투처, 팀 페리스, 메리앤 윌리엄슨 등 읽고 있던 훌륭한 책에 나오는 일화/이야기 등을 공유했다. 그런 책이 선사하는 영감은 놀라운 동기 유발력으로 작용한다.

나는 이메일 수신자 명단을 점점 더 늘려갔다. 링크드인, 페이스북, 트위터 네트워크의 모든 지인들에게 일일이 이메일을 보내, 나의 무료 주간 웰니스 뉴스레터에 이름을 올려도 좋을지 허락을 구했다. 당시 영업 일을 하면서 키워온 인맥 덕분에 링크드인에만 3,000개 이상의 연락처가 있었고, 그 결과 몇 주 만에 내 명단은 700명 가량으로 불어났다. 링크드인에도 내 글을 조금씩 공유했다. 나는 내가 하는 일을 은근슬쩍 소문내고 사람들은 내 콘텐츠를 읽어봄으로써 내 코칭 스타일을 파악할 수 있으니 일석이조였다.

나는 내 이메일이 스팸처럼 받아들여지는 게 아니라 진심이 담겼다고 느껴질 수 있게 내가 보내는 메시지 하나하나를 개인화하고 싶었다. 어차피 대부분 개인적인 친분이 있는 사람들이기도 했다. 당시에 링크드인은 내가 원하는 메일 머지 mail merge 기능을 제공하지 않았다. 다시 말해 각 수신자의 이름을 바꾸어서 대량 메일 발송이 불가능했다. 그래서 아웃소싱 업체인 브릭워크 인디아Brickwork India의 가상 어시스턴트를 고용해 내 프로필로 대략 3,000개의 개별 메시지를 발송했다! 나는 몇백 달러의 비용을 부담했고, 내 어시스턴트가 이 작업을 마치는 데는 약 25시간이 걸렸다. 나는 유료 코칭에 집중하면서 구독자 명단을 효율적으로 관리할 수 있었으니, 비용을 들일 만한 가치가 충분했다. 결과적으로 생산성에 큰 도움이 되었다. 여기서 얻은 교훈. 사업과 관련된 모든 일을 혼자서 감당하려고 애쓰지 말라. 기회비용을 분석해보아야 한다. '돈을 절약'하려고 어떤 작업을 직접 할 때 잃는 것은 무엇인가? 시간인가? 혹시 더 큰 돈은 아닌가?

그런 다음 뉴스레터를 발송할 때마다 세 번에 한 번 꼴로 코칭 자리가 비어 있다는 정보를 떠웠고, 덕분에 많은 고객을 소개받았다. 또한 회사 일보다 라이프 코칭 이야기가 더 반영되도록 트위터 계정과 페이스북 프로필도 시간을 두고 바꾸어나갔다.

이상의 내용을 읽으면서 "그 정도라면 나도 할 수 있겠어!"라는 생각이 들었다면, 좋다, 지금 바로 시작하라! 하지만 그렇게 다수의 먼 지인들에게까지 연락할 생각을 하니 공포감이 밀려든다면 이제는 그 두려움을 극복해야 할 시간이다. 조용히 성과를 내는 데에 자부심을 느끼는 사람도 있겠지만 요즘은 자기 홍보를 편안하게 받아들여야 하는 시대다.

당신이 뒷걸음치기 전에 작은 비밀 한 가지를 알려드리도록 하겠다. 수줍음, 점잖음, 초연함, 혹은 그밖에 자기 홍보를 하지 않는 다른 이유가 있다고 해서 그 사람이 반드시 겸손한 것은 아니다. 우리는 자기 자신을 위태로운 비판 앞에 내놓고 싶지 않아서 아무것도 하지 않고 "아, 제가 자기 홍보에 능한 사람은 아니라서요."라는 과도한 겸손으로 그 속셈을 위장한다.

자기 홍보가 용감한 행동도 이기적인 행동도 아닌 이유가 무엇인지 아는가? 내가 10년 동안 기업의 영업 일을 하면서 배운 게 있다면 모든 인간은 사실 언제나 무언가를 판매하고 있다는 사실이다. 누구 하나 빼놓지 않고 다 마찬가지다. 홍보는 말솜씨가 번지르르한 부동산 중개인이나 말쑥하게 차려입은 판매원들의 전유물이 아니다. 교사, 인사 전문가, 도그 워커$^{dog\,walker}$*도 모두 비공식적인 영업 사원들이다. 우리 모두는 매일 남을 설득하고 남에게 영향력을 행사한다. 이력서에서, 인사 고과의 자기 평가란을 통해, 옷 입는 방식으로, 심사숙고해 작성한 소셜 미디어 게시물로, 틴더^{Tinder} 데이팅 앱 프로필에서, 우리는 자신이 누구인지, 세상에 무엇을 제공할 수 있는지 쉴 새 없이 영업하고 있다.

그렇다면 애초에 다른 사람들의 삶에 영향을 주려고 존재하는 부업을 홍보하는 일에 왜 두려움을 느껴야 하는가? 전혀 그럴 필요가 없다!

자기 홍보가 '뉴 노멀$^{new\,normal}$', 즉 새로운 표준이라는 사실에 익숙해져라. 당신은 최근에 승진을 했다거나 사업이 흥미진진한 방향으로 발전하고 있다는 소식을 온라인으로 공유하는 사람을 보면 얼굴을 찌푸리는가? 아마 아닐 것이다. 우리는 그런 게시물을 기대하고, 호감 가는 사람이라면(팔로우하는 사람이라면 호감이 있을 가능성이 매우 높다) 응원해 주고 싶어 한다. 남들도 당신을 위해 똑같이 해줄 것이다. 만약 그렇지 않다면 그것도 괜찮다. 그것 또한 그들의 선택이니까. 나는 크리스 제너를 인터뷰하면서 한 시간 동안 이야기를 나누었다. 그

---

* 주인 대신 개를 산책시켜 주는 직업. —역주

녀는 이런 말을 했다. "컴퓨터 뒤에 숨어서 소셜 네트워크상의 타인에게 잔인한 말을 쓰는 사람들이 이 세상 어딘가에 존재한다는 사실이 슬프죠. 제 인생이 여기까지 흘러오고 삶의 여정을 계속하다보니, 가끔 마음의 상처를 입고 두들겨 맞은 기분이 될 때가 있어요. 하지만 툭툭 털어버리고 다시 일어서는 게 중요하다는 걸 알죠." 당신이 크리스 제너를 어떻게 생각하든, 그녀는 10억 달러 규모의 가족 사업을 일구어냈다. 비판한다고 해서 그 사실이 달라지지는 않는다!

하지만 카다시안 스타일의 자기 홍보는 생각만 해도 진저리가 날 지경이라면 어떻게 해야 좋을까? 친구나 지인들 가운데 소셜 미디어 세계에 푹 빠져 있고 자기 홍보에 능수능란한 사람이 분명 있을 것이다. 그들에게 도움을 요청하라!

건강 관리 웹사이트 그레이티스트의 창립자 데릭 플랜즈라이치는 이렇게 이야기한다. "사업 초기에 저는 도움을 청하는 걸 부끄럽거나 당혹스럽게 여겨서는 안 된다는 이야기를 귀에 못이 박히도록 들었습니다. 그런데도 부끄러운 마음이 들더라고요. 왠지 제 약점을 드러내는 것 같아서요. 한편 여정을 계속해나가면서 도움을 청하는 게 얼마나 막강한 힘을 발휘할 수 있는지 깨달았어요. 항상 많은 도움이 필요했거든요. 그런데도 제 임무는 도움을 청하는 게 아니니까 답을 아는 척이라도 해야 한다고 생각했어요. 그러나 사실상 제가 답을 아는 문제는 생각보다 적고, 도움을 청하면 도움을 받을 기회가 열리죠."

당신이 홍보에 관해서는 아무것도 모르는 사람이라도, 부탁만 한다면 지도를 받을 수 있다! 부업의 최종 책임자는 당신이지만 그 부업을 알릴 방법에 관해 조언을 구하는 것은 제공하는 제품/서비스의 가치를 높이는 데 집중하기 위해서라도 꼭 필요하다.

자기 홍보를 하려면 최상의 결과물만 세상에 선보여야 한다. 당신이 그 결과물의 책임자니까. 또한 자기 홍보는 기회로 연결된다. 온라인 스타트업이 프로젝트를 이끌 컨설턴트를 찾고 있거나, 신혼부부가 인테리어 디자이너를 물색 중일 때 누구를 가장 먼저 떠올리겠는가? 실력 좋다고 들은 적이 있는 사람들을 떠올릴 것이다! 괜한 자존심 때문에 발전의 기회를 놓치지 말라.

사람들의 시선은 어떻게 하냐고? 제임스 알투처는 3분의 1 법칙에 대해 이야기했다. 사람들 가운데 3분의 1은 당신을 좋아하고, 3분의 1은 좋아하지 않으며, 나머지 3분의 1은 관심이 없다. 중요한 3분의 1에 집중하라!

엘리베이터 피치를 작성하라

자신의 프로젝트에 관해 편안하게 이야기할 수 있어야 한다.

엘리베이터 피치는 이 부분에서 진가를 발휘한다. 모든 부업에는 엘리베이터 피치가 필요하다! 그렇다면 엘리베이터 피치란 정확히 무엇일까? 제품이나 서비스에 대해 단시간에 쉽고 간단하게 설명하는 것을 말한다. 무엇보다도 엘리베이터 피치는 관심을 단숨에 끌어들일 수 있을 만큼 명료하고 간결해야 한다.

좋은 엘리베이터 피치를 작성하려면 메시지 전달을 위한 핵심 요소가 몇 가지 필요하다. 이어서 소개할 템플릿은 바로 이 부분에서 길잡이로 삼을 만하다.

우선, 엘리베이터 피치는 "당신은 누구입니까?"라는 질문에 대한 답이다. 내가 행사장이나 친구와의 브런치에서 당신을 처음 만났을 경우, "무슨 일을 하세요?"라고 물었을 때 나올 수 있는 대답이다. 달랑 이름뿐이면 안 되고, 당신의 특별한 재능에 관한 열성적인 설명이어야 한다!

특별한 재능에 대해 쑥스러워하지 말라. 당신이 최고인 이유를 공표하면 된다! 일감을 따내고 싶다면 돋보이는 게 중요하다.

이를 위해 제일 먼저 해야 할 일은 판매하려는 제품이나 서비스가 무엇이고, 잠재적인 고객이 누구이며, 그걸 전달하는 사람이 당신이어야 하는 이유를 명확하게 해두는 것이다.

덜렁 이름이나 직함만 소개하지 말라. 소개는 구체적이면서 다음 질문에 대한 답을 담고 있어야 한다.

- 제 이름은 ……
- 저는 ……
- 전문 분야는 ……
- 제가 하는 일은 ……
- 저의 특장점은 ……

이어서 요청이나 행동 유도로 마무리한다. 예를 들어, "지인 중에서 이런 정보가 유용할 만한 분이 계신가요? 제 연락처는 여기 있습니다."

몇 가지 예를 들어보겠다.

제 이름은 케이티입니다.

저는 사진작가예요.

전문 분야는 만삭 사진이죠.

제가 하는 일은 임신 마지막 단계에 이른 여성들이 가장 아름답고 자연스러우며 편안한 감정을 느끼도록 돕는 거예요.

저의 특장점은 여성들이 편안한 마음으로 카메라 앞에 설 수 있게 도와서 피사체의 진정한 면모가 결과물에 나타나게 한다는 거죠.

지인 중에서 이런 정보가 유용할 만한 분이 계신가요?

화요일과 목요일 오후 6시 이후에 신규 고객 상담을 받고 있어요.

제 이름은 조너선입니다.

저는 소셜 미디어 전문가예요.

전문 분야는 기업용 인스타그램이죠.

제가 하는 일은 사람들이 가장 적절한 소셜 미디어 채널을 이용해 신규 고객을 유인하도록 돕는 거예요.

저의 특장점은 페이스북에서 근무한 경험 덕분에 내부 알고리즘의 비밀을 안다는 거죠. 6개월 만에 제 팔로잉 수를 3만 명까지 늘리기도 했답니다.

지인 중에서 사업을 성장시키는 데에 관심 있을 만한 분이 계신가요? 토요일 오후에 신규 고객 상담을 받고 있어요.

제 이름은 에이미입니다.

저는 뷰티 블로거예요.

전문 분야는 안티에이징이죠.

제가 하는 일은 40세 이상의 여성들이 여전히 30대 같은 피부를 유지하도록 돕는 거예요.

저의 특장점은 풍부한 경험이죠. 제가 소개하는 저렴한 팁과 요령 덕분에 멀리 호주 시드니 여성들까지 젊어 보이는 피부에 열광하고 있답니다! 제 웹사이트를 확인해 주세요. 이런 미용 비결에 관한 전자책도 올려놓았어요! 마음 편하게 공유해 주시고요! 이메일 수신자 명단에 등록하시면 무료 샘플도 드려요. 친구들에게 소문 내주세요!

나는 부업을 시작하자마자, 가급적 모든 상황에서 본업의 직함 대신 라이프 코치로 내 소개를 하곤 했다. 새로운 사람을 만날 때 엘리베이터 피치가 자동으로 튀어나오게 연습하라. 이것은 첫인상과 직결되는 문제임을 기억하라! 짧고 기억하기 쉬우며 자신감 있게 전달하라.

나는 오래된 광고 약어 KISS를 마음에 새기고 싶다. KISS는 'Keep It Simple, Stupid!'의 줄임말로 '단순하게 해, 멍청아!'라는 뜻이다. 피치를 복잡하게 만들지 말라. 사람들은 머릿속이 혼란스러우면 구매하지 않는다. 최대한 간결해야 한다! 후속 연락을 위해 명함도 인쇄해서 준비해 두도록 한다. 비스타프린트Vistaprint 같은 서비스를 이용하면 명함을 쉽게 디자인하고 주문할 수 있으며, 엘리베이터 피치를 구체적인 행동으로 연결시킬 수 있다. 자기소개를 하고 보니 상대방이 마침 당신의 서비스가 꼭 필요한 사람이었다면? 간편하게 다시 연락할 수 있도록 배려해 주는 게 좋지 않겠는가!

콘텐츠 마케팅을 이용하라

여기저기서 '콘텐츠 마케팅'이라는 용어를 들어보았을 것이다. 그게 무엇일까? 간단히 말하자면 미래의 판매를 염두에 두고 가치 있는 콘텐츠를 만들어서 무료로 배포하는 일이다. 굽실굽실한 웨이브 머리를 연출하는 방법부터 완벽한 여름 샐러드를 재빨리 준비하는 법까지 내용은 다양하다. 깔끔하고 단순한 콘텐츠는 생명이다. 요즘 소비자들은 선택의 폭이 매우 넓으므로, 관심을 끌고 신뢰를 얻고 무언가를 판매하려면 콘텐츠 공유를 통해 그들의 생활에 가치를 더해주고 당신을 알릴 필요가 있다. 엘리베이터 피치는 직접적인 만남에 의존하는 반면, 콘텐츠 마케팅은 훨씬 폭넓은 청중을 대상으로 한다.

블로그 게시물, 유튜브에 게시한 동영상 튜토리얼, 짤막한 웹 세미나 소개, 무료 제품 샘플, 무료 개론 수업 등, 사람들은 어떤 형태로든 '구매 전 시험 사용'을 희망한다. 이것은 명확한 사실이다. 이런 접근법으로 친숙함과 신뢰를 쌓을 수 있는데도 대다수 사람들은 이 지점에서 실수를 저지른다. 일반적으로 블로거들은 첫 포스팅 이후 포기하고 만다. 5분이 지났는데 자신이 유명하지 않거나 돈이 벌리지 않는다는 사실에 좌절하기 때문이다. 하지만 그거 아는가? 모든 사업이 그렇듯이, 누군가 당신을 알아보기까지는 시간과 꾸준함이 필요하다 (그리고 블로그 게시물을 적어도 스무 개는 올려야 한다).

안타깝게도 대다수 사람들이 생산과 홍보에 어떻게 시간을 배분해야 할지 모른다. 훌륭한 콘텐츠를 만드는 일 못지않게 사람들에게 그걸 보여주는 일이 중요함을 깨닫지 못한다는 뜻이다.

방문자 수를 늘리고 신뢰도를 높이는 멋진 홍보 콘텐츠로 유료 고객을 유인할 수 있는 기반을 닦은 후에는 당신의 일과 전문성이 돈을 주고 이용할 만큼 가치 있다는 사실을 잊지 말아라! 티저 광고로 관객을 끌어들일 수는 있지만 그게 직접적으로 돈이 되지는 않는다.

가격 책정에 관한 조언

가격 책정은 대단히 중요하다! 여기에 따르는 위험은 크게 두 가지다. 가격을 너무 높게 매기는 경우와 너무 낮게 매기는 경우다.

가격을 너무 높게 매기면 매출에 타격이 오고 고객이 떨어져 나가며 우호적인 추천을 받고 충분한 수의 '내 편'을 만드는 데 어려움을 겪게 될 것이다.

그러나 부업에서는 정반대로 가격을 너무 낮게 매기는 게 더 자주 문제시된다.

가격을 너무 낮게 매기면 이윤이 줄고 제품/서비스가 '싸구려'처럼 보일 우려가 있다. 많은 사람들은 가격을 가치와 동일시하기 때문에, 가격이 너무 낮으면 제품이나 서비스가 별로 좋지 않아서라고 생각해버릴 수 있다. 실은 전혀 아닌데도! 당신은 그 몹쓸 사기꾼 증후군 때문에 겁을 집어먹은 나머지 시장 가격 수준으로 가격을 올리기가 두려운 것뿐이다. 스스로 그만한 가치가 없다고 두려움을 느껴서일 수도 있고, 다른 사람들이 힘들게 번 돈을 그런 식으로 빼앗을 권리가 있을까 의구심이 들어서일 수도 있다.

말도 안 되는 소리다! 당신은 특별하고 고유한 무언가를 제공하고 있다. 대다수 사람들은 시간의 가치를 이해하지 못한다. 시간은 곧 돈이다. 당신의 시간은 중요하다. 당신이 시간을 귀하게 대해야 남들도 그렇게 한다!

가격 책정을 시작하는 가장 좋은 방법은 경쟁사를 참고하는 것이다. 시장에서 당신이 제공하는 것과 비슷한 제품/서비스에 대한 통상 가격은 얼마인가? 품질, 전문성, 경험 면에서 당신은 그들과 어떻게 비교되는가?

당신의 분야에서 존경받는 사람이나 기업 다섯에서 일곱 군데 정도를 조사해 보라. 그들은 얼마를 책정하는가? 그들과 똑같은 요율料率을 사용할 필요는 없지만 이 정보를 알면 당신의 수입에 관한 현실적인 목표치를 정해둘 수 있다. 거기까지는 천천히 가더라도 말이다.

나는 초보 시절 통상 가격의 절반 정도를 내걸고 시작했다. 그런 다음 경험이 쌓이고 내 코칭에 대한 수요가 늘어나면서 꾸준히 가격을 인상했다. 가격을 절대 올려서는 안 된다고 여기지 말라! 경험이 많아질수록 당신의 가치는 더 높아진다. 게다가 고객과 새로운 기회로 바빠지면 당신의 시간은 더 귀해진다.

중요한 참고 사항이 있다. 너무 많은 가격 등급을 두지 말라! 전에 만난 어느 라이프 코치는 다이아몬드 패키지, 골드 패키지, 스타터 패키지 등 여섯 가지 패키지를 제공했다. 이것은 결정 피로감을 만들어내어, 시작도 하기 전에 사람들을 지치고 혼란스럽게 한다!

프리미엄 패키지 하나와 그보다 저렴한 패키지 하나로 가라. 추가로 제공해야 할 구체적인 이유가 있는 게 아닌 한 최대 두 가지 옵션으로 족하다. 예를 들어, 당신이 라이프 코치라면 전자책이나 일대일 코칭을 판매하되, 전자책은 9.99달러, 코칭은 99달러의 가격을 책정할 수 있다. 물리적인 제품과 컨설팅도 마찬가지다. 저가 제품 한 가지와 고가 제품 하나로 구색을 갖추어라. 컨설턴트라면 구독 형태의 전략 보고서와 지속적인 컨설팅 계약을 제공할 수 있다. 당신에게 가장 유리한 형태를 선택하라. 속으로는 당신이 정하는 가격표가 왠지 찜찜하더라도, 당신의 소중함을 믿고 당신의 가치를 지켜라.

나는 언젠가 다음과 같이 멋진 인스타그램 게시물을 보았다. "처음에 사람들은 왜 그렇게 하느냐고 물어보겠지만, 나중에는 어떻게 했느냐고 물어볼 것이다." 나도 그런 말을 많이 듣는다. 사람들은 내가 그렇게 좋은 직장을 떠난다는 사실에 충격을 받았다. 그런데 이제는 묻는다. "XYZ의 최고경영자가 당신에게 유료로 자문을 구한다면서요?! 그런 일은 어떻게 구해요?" 혹은 "X 간행물에 어떻게 특집으로 소개되었나요?"

너무나 많은 사람들이 자신을 밖으로 드러내는 일을 겁내다 보니 남이 그런 일을 한다고는 상상도 하지 못한다. 하지만 무엇이든 그렇듯이, 자꾸 접하다 보면 두려움도 극복이 가능하다. 마라톤을 뛰고, 대중 앞에서 발표를 하고, 직장에서 급여 인상을 요구할 수 있다. 이 일은 장기전이라는 걸 기억하라. 중요한 건 자기 인정뿐이다. 자신에게 중요한 일을 하는 것만이 자신과 세상에 대한 진정한 의무다. 늦었다는 느낌이 들지라도 자신에게 충실한 방식으로 자기 삶을 살 기회는 바로 지금이다. 그것만으로도 소문을 낼 가치는 충분하다.

머지않아 사람들은 당신이 어떻게 그렇게 굉장한 부업을 일구어냈는지 알고 싶어 할 것이다!

퇴근 후 할 일

어떤 상황이 닥쳐도 당신을 지지하고 믿어주는 사람 한 명에서 세 명 정도를 떠올려라. 의구심이 들거나 당신의 결과물을 외부에 공개할 때 이 사람들을 생각하라. 당신에 대한 그들의 확신을 빌려라! 엘리베이디 피치를 연습할 수 있게 도와달라고 부탁하라.

그 확신을 바탕으로 시험 삼아 가격 체계를 만들어보라. 그런 다음 그 가격이 당신이 투자한 시간의 가치를 반영하고 당신 자신을 과소평가하지 않는지 다시 한번 확인하라!

마지막으로 콘텐츠 마케팅을 통해 주기적으로 대중들과 소통할 수 있는 빙법을 브레인스도밍하라. 이를 위해 이떤 형식/미체를 사용할 것인가? 어떤 주기로 진행할 것인가? 최고의 콘텐츠 마케터들은 아무것도 판매하지 않고 몇 달을 공들인다. 그렇게 되면 그만큼 대중의 신뢰가 견고해진다.

예를 들어, 나는 매주 소중한 이메일 구독자들에게 자신감을 높여주는 메시지를 무료로 보내준다. www.susie-moore.com에서 회원 가입을 하면 내가 어떻게 하는지 구체적인 방법을 확인할 수 있다. 일주일에 이메일 한 통이면 활발한 글로벌 커뮤니티를 만들 수 있다! 지금 시작해서 이메일 수신자 명단이 늘어나는 모습을 지켜보라.

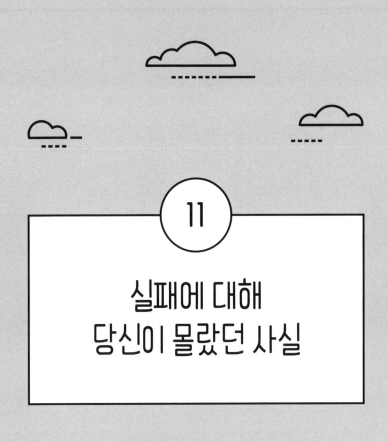

11

실패에 대해
당신이 몰랐던 사실

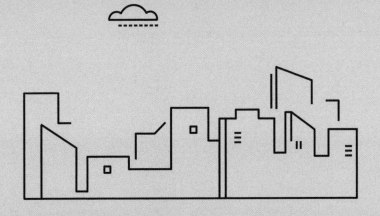

"이상하게 들리겠지만 실패라는 것은 착각이다.

그 누구도 무언가에 끝내 실패하는 사람은 없다.

인간이 하는 모든 일은 결과를 낳는다.

실패는 판단이다. 하나의 의견일 뿐이다."

웨인 W. 다이어 박사
심리학자, 자기계발 저자

—

"걱정은 지식이나 통제력이 없는 일에 대해

통제력이 있는 척하는 한 가지 방법이다.

나조차도 마음속으로는 완벽한 미지의 상태보다

불길한 시나리오를 훨씬 더 선호한다는 데에 깜짝깜짝 놀란다."

리베카 솔닛
활동가, 작가

이야기했다시피 나는 20대 초반에 해고를 당한 적이 있다. 나만 그런 게 아니다. 마돈나, 오프라 윈프리, 월트 디즈니, 마이클 블룸버그, 마크 큐반*도 다양한 직장에서 쫓겨났다. 그런데도 해고는 여전히 불명예로 여겨진다.

아, 거절이라니. 단어만으로도 따끔거린다. 인간으로서 거절당하고 부정되고 무시당하는 것보다 더 큰 두려움은 없을 것이다. 마음, 작품, 아이디어 등 정말 소중히 여기는 것을 밖으로 꺼내 보일 때면 특히 그렇다. 작가로서, 전직 포춘 500대 기업의 영업이사로서, 그리고 인간으로서 나는 수없이 많은 위치와 상황에서 거절을 당해보았다. 적어도 당시에는 결코 좋은 기분이 들지 않는다.

거절에 대해 우리가 곧잘 간과하는 부분은 그게 단지 일시적이고, 언젠가는 유익할 수도 있으며, 단순한 경로 수정에 불

---

* IT 창업가 출신의 억만장자이자 미국 프로농구NBA 댈러스 매버릭스의 구단주. —역자 주

과하다는 사실이다. 거절의 문제는 거절 자체가 아니라, 그 순간 거절 뒤에 가려진 더 큰 계획을 이해하지 못하는 데에 있다. 상처를 어루만지고 세상을 저주하느라 너무 바빠서 굳이 이해하고 싶어 하지도 않는다. 거절은 다 지나고 나서야 뒤늦게 이해가 된다.

인생을 돌이켜보니 나중에 훨씬 더 좋은 게 오려고 그때 그 직업, 그 연인, 그 아파트가 내 것이 될 수 없었구나 깨달은 적이 얼마나 많았는가? 나는 이런 경험들을 수백 가지 꼽을 수 있다. 지금은 (안도감이 들면서) 웃음이 나오는 일들이다.

나는 뉴욕으로 거처를 옮기면서 별의별 장소에서 면접을 보았다. 커피를 한잔하고, 정보를 공유하고, 친분을 쌓으려고 수많은 사람들에게 연락을 취했다. (재미있게도) 당시 나에게 시간을 내준 사람들은 고위직에 계신 분들이었다. 하지만 나는 어리석게도 시간을 내주지 않은 다른 사람들에게 언짢아하며 시간을 낭비했다! 우여곡절 끝에 나는 완벽한 일자리와 시장 진입을 위한 디딤돌을 얻었다. 어떻게 보면 나를 거절한 사람들은 결국 나를 채용한 사람들에게 자리를 양보한 셈이었다.

사실 거절을 당할 때 대부분의 경우는 당신 때문이 아니다. 거절한 사람이 당신의 자질보다 다른 자질에 중점을 두었을 뿐이다. 이뿐 아니라, 당신이 거절이라고 인식하는 것은 알고 보면 사실 거절도 아닌 경우가 많다. 그저 타이밍이 맞지 않았을 뿐이다. 마크 큐반은 컴퓨터 가게 점원으로 일하다 해고를 당했고, 그날은 그가 다른 사람 밑에서 일한 마지막 날이 되었다. 지금 그가 어떻게 되었는지 보라.

거절은 엄청난 정신적 타격인 동시에 훌륭한 모닝콜 겸 경로 수정 신호가 될 수 있다. (보통은 아주 갑작스럽게) 전혀 예상치 못한 순간 통보를 받으면 일생일대의 재난처럼 느껴질 수 있다. 하지만 사실상 성공과 실패는 정확히 똑같은 길 위에 놓여 있다. 성공이 조금 더 멀리 놓여 있을 뿐이다. 그리고 '잘못된' 길 따위는 존재하지 않는다.

이 책에 실패 사례가 자주 등장한다는 걸 눈치채셨는지 모르겠다. 성공하고 싶어서 읽는 책인데도 말이다! 거기에는 이유가 있다. 여기서 실패를 다루는 게 중요하다. 왜냐하면 부업을 하다 보면 분명히 실패처럼 느껴질 수 있는 좌절을 경험하게 될 것이고, 그로 인해 너무 오래 낙담하지 않는 게 중요하기 때문이다. (실망해서 영원히 기가 꺾이지 않는 한 약간의 실망은 자연스러운 현상이다.)

내가 근래에 겪은 실패 몇 가지를 나열하면 다음과 같다.

- 나는 전 세계적으로 10만 번 이상 공유된 기사에 내 웹사이트로 연결되는 링크를 깜박하고 집어넣지 않았다. 사람들이 나를 쉽게 찾을 수 없었고, 결국 어마어마한 기회를 날렸다. 온라인

사업에 잠시라도 몸담아본 적이 있다면 이로 인해 발생한 (전환을 통한) 잠재적 사업 손실이 얼마나 컸을지 대강 짐작할 수 있을 것이다!

- 웹사이트를 만들어야 할 때가 되었을 때, 나는 유행이 지난 테마의 웹사이트에 너무 많은 비용을 들였고, 결국 안전성과 업데이트 문제로 얼마 안 있어 교체해야 했다. 비용 손실은 이루 말할 수가 없었다. 전문가를 고용하는 대신 무료 리소스를 통해 나만의 웹사이트를 만들 수 있다. 많은 창업가들이 투자비용 없이 열정만으로 수익성 있는 부업을 시작한다!

- 나는 책 한 권을 70퍼센트 정도 집필하고 마음에 들지 않아서 출간하지 않았다. 나중에 가서야 남들은 나보다 훨씬 더 그 책의 내용에 만족스러워한다는 걸 깨달았다. 아, 아까운 시간이여!

- 나는 처음으로 온라인 상품을 만들었고 파트너들에게 4월이면 준비가 될 거라고 말했다. 실제로 준비된 것은 10월이었다.

한꺼번에 너무 많은 일을 하려고 욕심을 부리거나 엉뚱한 곳에 에너지를 쏟는 바람에 겪게 된 실패였다. 나는 지금도 어느 정도 구성은 마쳤지만 마무리하지 않을 강좌가 또 하나 있고, 배포하지 않을 제안서도 여러 개 있다. 지금 당장 하기에 적절한 일이 아니라는 판단이 뒤늦게 들어서 하지 않으려는 것이다. 일의 가짓수를 줄이고 더 깊이 초점을 맞추는 게 낫다는 사실을 깨닫기까지는 오랜 시간이 걸렸다. 무엇이 적절한지 판단할 수 있는 건 자신의 직관뿐이다! 그러니까 잘 들어라. 처음 시작할 때는 한 번에 최대 한두 가지 일에만 집중하라. 보폭이 커지는 대로 더 추가하면 된다. 이미 본업으로 바쁘니 부업을 하는 시간에는 집중이 중요하다!

물론 나도 낭비된 에너지, 시간, 잃어버린 돈이 아깝다. 하지만 그것은 모두 학습 곡선의 일부였고, 사업을 하다 보면 돈을 조금 잃을 때도 있는 법이다. 명함이나 전문적인 웹사이트를 만들기 전에 유료 고객을 확보하라고 권장하는 것은 그러한 이유에서다. 초기 비용이 드는 다른 무엇이든 마찬가지다. 새로운 일거리를 만들어가는 초기 단계에서는 그런 것들이 필요하지 않다.

이것은 부업이 멋진 또 다른 이유다! 당신은 본업으로 이미 돈을 벌고 있다. 행여나 작은 재정적 타격이 발생하더라도 유연하게 감당할 만한 처지에 있다. 웹사이트 디자인에 투자했는데 마음에 들지 않는다거나, 올해 연말 보너스가 실망스러운 수준이라도 심각한 문제는 없다.

"도전했는가. 그러다 실패했는가. 괜찮다. 다시 도전하라. 다시 실패하라. 더 나은 실패를 하라."

사무엘 베케트

내가 즐겨 언급하는 거절 이야기가 하나 있다. 정말 간절하게 글을 기고하고 싶었던 대형 온라인 출판사와 관련해 겪은 일이다. 나는 편집자에게 여러 번 연락했지만 운이 없었다. 한두 달 뒤, 그 회사는 불쑥 내 기사를 발행했다. 내가 그간 기고해오던 다른 출판사와의 신디케이션* 계약을 통해 기사를 가져다 쓴 게 분명했다.

이 기사는 여러 차례 공유되었고, 이 한 번의 재발행 때문에 나에게 매주 자신감을 높여주는 이메일 메시지를 받아보고 싶어 하는 신규 구독자가 수백 명 늘었다. 나는 속으로 생각했다. "이제 됐다! 편집자에게 한 번 더 연락해서 나를 기고자로 써준다면 그 인기 기사와 같은 글을 더 많이 쓸 수 있다고 알려줘야지!" 그래서 편집자에게 이메일을 보냈지만 결과는 거절이었다. 소중한 희망이 현실이 되지 못할 때도 있지만 다른 기회는 아직 널려 있다. 그러니 계속 밀어붙여라! 당신이 낚싯대에 걸린 물고기 한 마리에만 눈길을 보낼 때도 바다는 다양한 생물로 넘쳐난다. 어서 가서 낚아라!

나는 잭 캔필드의 『성공의 원리』(청미래, 2005)에 나오는 다음 구절을 좋아한다.

---

* 동일한 콘텐츠를 여러 곳에 동시에 게재하는 방식. —역주

"노트르담 대학교 마케팅 전문가인 허버트 트루는 다음과 같은 사실을 발견했다.

- 영업사원의 44퍼센트는 첫 번째 방문 후 예상 고객에 대한 판매 시도를 그만둔다.
- 24퍼센트는 두 번째 방문 후 그만둔다.
- 14퍼센트는 세 번째 방문 후 그만둔다.
- 12퍼센트는 네 번째 방문 후 예상 고객에 대한 판매 시도를 그만둔다.

즉 전체 영업사원 중 94퍼센트가 네 번째 방문 후 포기한다는 뜻이다. 그러나 모든 판매의 60퍼센트는 다섯 번째 방문에서 이루어진다. 이 의미심장한 통계에 따르면 전체 영업사원의 94퍼센트는 구매 희망자의 60퍼센트에게 다가갈 기회조차 스스로 던져버린다는 것이다. 역량도 중요하지만 끈기도 반드시 있어야 한다! 성공하려면 구하고, 구하고, 구하고, 구하라!"

아멘!
질문 하나 하겠다. 그 94퍼센트에게 영업 일이 어땠느냐고 묻는다면 어떤 대답이 돌아올 거라 생각하는가? 아마도 실패했다고 대답할 것이다. 하지만 정말 그럴까? 전혀 그렇지 않다. 그들은 단지 너무 빨리 포기했을 뿐이다. 사실 라이프 코치로서 재능 있는 사람이 절망이나 실패의 감정 때문에 포기해 버릴 때만큼 슬플 때도 없다. 성공의 변곡점이 얼마나 가까운지는 아무도 알 수 없다. 우디 앨런은 "성공의 8할은 일단 출석하는 것이다."라고 말했다. 그러니 모습을 드러내라!

부업에서 거절을 경험할 때 명심해야 할 게 있다. 당신은 혼자가 아니다. 《보그》 편집장 안나 윈투어는 《하퍼스 바자》에서 해고당한 적이 있다. 그녀는 "누구나 직장 생활 중 적어도 한 번은 해고를 당하기 마련이다. 완벽이란 존재하지 않으니까."라고 말했다고 한다. 알레스테어 캠벨이 『위너스-운명도 이기는 승자의 조건』(전략시티, 2016)에서 밝힌 내용이다.

오프라 윈프리는 저녁 뉴스 리포터로 활동하다가 '텔레비전에 부적합하다'는 이유로 방송에서 하차했다. 마이클 조던은 고등학교 농구팀에서 탈락했다. 월트 디즈니는 지역 신문사에 근무했지만 편집장은 상상력이 부족하다는 이유로 그를 해고했다.

내 경우, 해고를 당함으로써 적성에 맞지 않는 일이 무엇인지 깨닫고 잘하는 일이 무엇인지 재평가하게 되었다. 그 이후의 직장 생활은 보람차고 만족스러웠으며 나무랄 데 없었다. 충격적인 경험이었지만 덕분에 나와 전혀 맞지 않는 일자리에서 빠져나올 수 있었다.

J.K. 롤링은 첫 번째 『해리포터』 책이 열두 곳의 출판사에서 퇴짜를 맞았다고 밝혔다. 무려 열두 번! 당신은 그만큼 많이 무언가를 시도해 본 적이 언제였는가?

2011년도 하버드대학교 졸업식 연설에서 롤링은 실패에 관해 이렇게 말했다. "실패하지 않는 삶은 불가능합니다. 극도로 조심스럽게 살지만 않는다면 말이죠. 하지만 그것은 오히려 살았다고 말할 수조차 없으며 그 자체로 실패입니다."

많은 독자들이 나에게 이런 편지를 보내온다. 잠재력을 발휘하지 못할까 봐 두렵다고. 인생이 어쩐지 잘못된 것 같아 겁이 난다고. 진정한 목표와 맞지 않는 직장으로 매일 아침 출근할 때마다 나 자신과 소명을 배반하는 것 같은 기분이 든다고.

내가 운영하는 온라인 커뮤니티의 어느 회원으로부터 다음과 같은 메시지를 받은 적이 있다.

"저는 최근에 미국으로 이주했어요. 인생에서 정말 하고 싶은 일이 무엇인지 알아볼 수 있는 기회와 가능성이 더 많을 거라는 희망으로요. 저는 관심 분야가 많아서 그중에 단 하나만 선택해야 한다는 생각을 하면 조금 슬퍼져요. 나머지 관심 분야를 소홀히 하게 된다는 느낌이 들거든요. 지금은 회사에서 근무하고 있지만 저녁 시간과 주말에 새로운 진로를 탐색해 보고 있어요."

그렇다. 부업은 관심 분야를 탐색해 볼 수 있는 가장 실용적이고 가능성 있으며 훌륭한 기회다. 열정을 추구해 나가다 보면 정말 대단한 성과를 만들어낼 수 있다. 유일한 실패의 가능성이라면 시작하지 않는 것뿐이다. 아무것도 하지 않으면 J.K. 롤링의 말처럼 "그 자체로 실패"다. 행동은 행동하지 않는 것보다 언제나 낫다. 이 말을 신념으로 삼아, 잠자고 있는 당신의 재능과 탁월함을 활용하라. 그 과정에서 당신이 꼭 해야 할 일이 있다. 남이 어떻게 생각하든 신경 쓰지 않는 것이다 (혹은 그 영향력을 얼른 떨쳐버려야 한다). 실패의 두려움을 극복하는 방법에 관해 질문하자, 그레이티스트의 데릭은 이렇게 답했다.

"극복한 적이 있나 싶어요. 그때의 기분이 여전히 남아 있거든요. 다만 실패했다고 해서 그대로 멈추지 않는 것뿐이에요. 저는 실패를 원동력으로 삼고, 실패가 거대한 학습의 여정이라고 여겨요. 자신은 있어요. 어찌 되었건 작은 차이를 만들어서 세상을 변화시킬 작정이니까요. 일단 완전히 한번 망친 후에 배우는 게 많아요. 때로는 두 번씩 일을 그르쳐야 깨달을 때도 있지만요. 사실이 아니었으면 좋겠지만 적어도 제게는 엄연한 사실이죠. 성공은 실수 자체가 아니라 실수를 어떻게 감당하느냐에 달려 있는 것 같아요."

옳은 말이다! 나는 첫 번째 결혼의 나쁜 경험이 없었다면 완벽하게 잘 맞는 지금의 남편을 만나지 못했을 것이다. 첫 직장에서 해고당하지 않았더라면 스카우터 일을 시작하지 못했을 것이고, 이어서 10년 동안 영업직에서 성공적으로 활약하지 못했을 것이다. 마지막 상사를 진심으로 싫어하지 않았더라면 직장 생활을 관두고 코치, 작가, 컨설턴트로 일하는 데 전념할 용기를 내지 못했을 것이다. 실패에서 좋은 점을 발견하라. 좋은 점은 항상 있다.

퇴근 후 할 일

개인적으로나 업무적으로 최근에 겪은 실패 한 가지를 생각해 보라. 어떻게 하면 이 경험을 당신 자신에 대해 뭔가 배울 기회로 활용할 수 있는가? 실패는 귀한 경험이다! 개인적으로나 업무적으로 겪은 좌절 때문에 미래를 부정적으로 전망할 필요는 없다. 실패를 학습과 성장의 기회로 재구성하라!

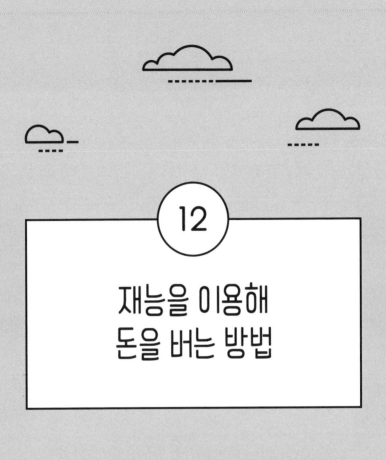

12

재능을 이용해
돈을 버는 방법

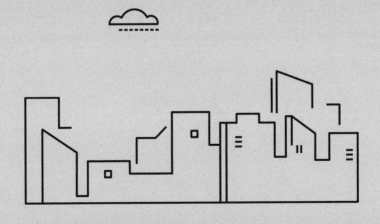

"당신에게는 쉬운 일이지만 남에게는 경이롭다."

데릭 시버스
작가 겸 창업가

—

"일을 하는 가장 좋은 방법은 일을 하는 것이다."

아멜리아 에어하트
비행사

대부분의 사람들은 좋아하는 취미가 돈이 될 거라는 생각을 하지 못한다. 취미는 여가 시간에만 즐기는 경우가 보통이고, 열정이 있는 분야를 무조건 수익원으로 만들어야 한다는 법도 없다. 골프, 애완견 훈련, 시 쓰기, 이베이에서 중고 제품 팔기 등은 재미로 간직하고 싶은 활동일 수 있다. 반드시 완수해야 할 결과물이 없을 때 뜨개질이 더 즐거울 수도 있고, 요가 수업에 참여하는 것은 좋지만 아직 완성 단계에 이르지 못한 물구나무서기 자세를 남에게 보여주어야 한다는 압박은 원치 않을 수도 있다. 그래도 괜찮다! 요리 실력이 뛰어나다면 사랑하는 사람들을 위해서만 그 재능을 발휘하고 싶을 수도 있다. 반드시 남을 위해 요리를 하거나 비밀 레시피를 남에게 가르쳐주어야 하는 것은 아니다. 하지만 만약 그럴 마음만 있다면, 얼마나 많은 사람들이 요리를 배우고 싶어 할지, 혹은 당신이 창조한 식도락 세계를 즐길 시장이 얼마나 클지 한번 생각해보라. 마사 스튜어트는 자기 집 부엌에서 출장 요리 서비스를 시작했다. 베서니 프랭클은 베서니 베이크스Bethenny Bakes라는 이름 아래 직접 케이크를 굽고 배달했다. 어떤 취미를 사업화하고 싶은지 파악해야 한다. 당신이 푹 빠져 있고 자립적으로 성장 가능하며 규모가 커져서 더 많은 창의력, 시간, 에너지를 쏟아야 하더라도 짜증스럽지 않을 취미여야 한다. 그런 취미가 있다면 당장 사업을 시작하라!

성공의 비결은 풍부한 자원이다. 풍부한 자원을 확보하는 첫 번째 방법은 네트워크를 활용하는 것이다. 네트워크의 힘은 생각보다 넓다. 앞 장에서 언급했듯이, 당신이 사업을 시작했다는 사실을 주변 지인들에게 두려워 말고 알려라. 소셜 미디어에 부업과 관련한 결과물을 게시하고, 새로운 사람을 만날 때마다 엘리베이터 피치를 던지고, 이메일 명단을 작성해 사람들에게 당신의 소식을 업데이트해 주어라. 대다수의 사람들은 당신을 지지해 줄 것이다. 어느 정도 시간이 흐르자, 내 거래처 고객들은 가장 열렬한 후원자가 되었고 심지어 코칭 의뢰를 하기도 했다. (알고 보니 몇 명은 자신만의 부업이 있거나 부업을 시작하고 싶어 했다.)

부업은 소득을 창출한다는 점에서 취미와 차별화된다. 그러나 나에게 코칭과 컨설팅을 받는 의뢰인 가운데는 사업을 시작하면서 유료 고객을 확보하는 것보다 웹사이트와 명함 걱정에 많은 시간을 허비하는 사람들이 너무나 많다. 내 경우, 매월 수천 달러의 부수입을 내기 시작한 후에야 웹사이트와 명함을 만들었다. 물론 그런 것들은 유용한 도구일 수 있지만 부업에 임하는 마음가짐을 대체할 수는 없다.

나 역시 이 책을 쓰기 전에 이런저런 인터뷰가 들어오기를 기다리며 몇 년이고 늑장을 부릴 수도 있었다. 거짓말을 하지는 않겠다. 이 책을 출간하기까지는 꽤 오랜 시간이 걸렸다(예정보다 6개월 뒤). 하지만 어쨌든 해내고야 말았다.

다음은 내가 코칭 의뢰인을 구할 때 친구들에게 보낸 이메일이다. 당신도 고객을 물색할 때 이 내용을 기초로 삼아도 좋다!

여러분 안녕하세요!

단체 메일을 양해 바랍니다.

혹시 모르시는 분을 위해 말씀드리자면 저는 현재 뉴욕대학교에서 개인 코칭 자격증 과정을 밟고 있습니다. 자격증을 받는 대로 경험을 쌓기 위해 신규 고객을 (적당한 가격에) 모시려고 합니다.

개인적 친분이 없는 사람을 코칭하는 편이 더 바람직하기 때문에, 저와 함께 이 신나는 작업을 함께 할 의향이 있는 분을 알고 계신다면 소개 부탁드려요. 총 6주 과정이고 매주 한 시간씩(전화 통화로 혹은 직접 만나서) 진행됩니다. 인생에서 긍정적인 변화를 주도해 나가고자 하는 분들과 함께 일할 생각에 사뭇 기대가 큽니다.

소개해 주시는 분들께는 제가 11월 18일까지 전화를 드리겠습니다. 15분간의 통화로 서로에게 잘 맞을지 알아보기 위해서예요. 관심 있으실 만한 분의 성함과 전화번호를 보내주실 수 있다면 가급적 빨리 알려주시기 바랍니다.

아울러, 이미 많은 분들이 코칭을 받는 데 관심을 표현해 주셨는데요, 연락처를 알려주시면 제 동기들과 연결해 드리도록 하겠습니다.

저는 이 분야에 열정이 있고, 누구에게든 굉장히 보람 있는 경험이 되리라 확신합니다!

그럼 소식 기다리겠습니다.

감사합니다.

수지 올림

지금의 위치에서 지금 가진 것으로 시작하라. 단기간 안에 성공적으로 부업을 시작하는 요령은 바로 소문을 내는 것이다. 주문이나 서비스 요청을 받고 일단 시작하라. 사업을 시작하는 데 많은 돈이 필요하다는 것은 흔한 오해다. 나에게도 "돈 많이 버는 직장을 다니면서 저축해 둔 돈이 많을 테니 사업에 투자하기가 수월하셨겠네요."와 같은 말을 한 사람들이 몇 명 있었다. 하지만 나의 초기 비용은 정확히 0달러였다. 실은 부업으로 자체 비용을 충당하는 것을 원칙으로 했기 때문에, 유료 고객이 생기기 전에는 사업에 1센트도 지출하지 않았다. 내 부업이 독자적으로 굴러가지 않았다면 예금에 손대지 않고 원래 하던 일을 관둘 수 있을 정도로까지 키워내지 못했을 것이다.

사무실이나 작업실은 불필요하다. 스카이프를 이용하거나 카페에서 만나 이력서 교정을 도와주면 된다. 고객의 아파트나 공원에서 애완견 훈련 방법을 보여주면 된다. 프리랜서 웹디자이너라면 어디서나 원격으로 일할 수 있다. 사진작가 겸 동영상 제작자인 내 친구 앰버는 새로운 의뢰인 한 명당 라떼나 샌드위치 가격만 투자해 한 달에 최대 4,000달러를 번다! 게다가 앰버는 언제 얼마만큼의 추가 작업을 할지도 스스로 선택한다. 고단한 본업과 성장 중인 촬영 사업 사이에서 균형을 맞추어야 하는 앰버는 "자주 휴식을 갖고 너무 부담스럽게 느껴진다 싶은 프로젝트는 피한다."고 말한다. 그녀는 또한 절대 공짜로 일하지 않음으로써 자신의 가치를 적절히 인정받고자 노력한다. 무상으로 일해주기는 원하는 분야에 첫발을 들여놓는 방법일 수도 있지만, 당신의 수고에 값어치를 매기는 일은 중요하다. 그래야 남들도 그 수고를 가치 있게 여길 것이다.

주위를 둘러보라. 당신의 이메일 명단에 누구를 추가할 수 있는가? 이 명단을 어떻게 키울 수 있는가? 당신이 놓친 사람들은 누구인가? 배구 동호회 사람들? 옛 직장동료들? 대학 동문들? 아이 친구들의 부모님? 당신은 어떤 페이스북과 링크드인 그룹에 속해 있는가? 배우자의 친구들이 도움을 줄 수 있는가? 세상은 당신의 제품이나 서비스가 필요하다는 걸 기억하라. 그러니 정보 공유를 수줍게 여겨서는 안 된다!

소셜 미디어는 브랜드 인지도를 높일 수 있는 훌륭한 방법이지만 너무 소란스럽고 적잖은 비용이 들 수 있다. 각 플랫폼이 사용하는 다양한 알고리즘의 속성이 변화하고 사용자 감성이 시시각각 달라진다는 건 기존에 이미 탄탄하게 자리 잡은 영향력 있는 개인이나 브랜드와 경쟁하기가 갈수록 어려워지고 (더 비싸지고) 있음을 의미한다.

물론 소셜 미디어 팔로어가 많으면 왠지 멋있어 보이고, 실제로 스폰서 게시물, 이미지, 트윗, 동영상을 이용한 인플루언서 마케팅*으로 큰돈을 버는 사람이 있다는 걸 나도 안다. 소셜 채널을 꾸준히 업데이트하고, 브랜드의 맥락과 일치시키며, 가치 있는 정보를 제공할 수 있게 관리할 자신이 있다면 이 공간에 뛰어들어도 좋다. 기술 활용 능력이 뛰어난 사람들을 타깃 고객으로 하고 특출난 디자인이나 사진 기술이 있다면 스냅챗이든, 핀터레스트든, 인스타그램이든, 우선적으로

★ 영향력 있는 개인을 활용한 마케팅. —역주

소셜 미디어 팔로잉을 늘리는 데에 집중하는 것이 좋다. 그러나 시각적인 요소가 별로 중요하지 않은 부업의 경우, 옛날 방식의 이메일을 통한 활동이 가장 적합하다.

흥미롭게도 미국의 많은 마케팅 임원들은 이메일 마케팅이 배너 광고, 웹사이트, 모든 소셜 미디어를 모두 합친 것만큼 수익에 크게 기여한다고 여긴다! 이메일은 페이스북과 트위터를 합친 것보다 사용자 기반이 3배 가까이 많다. 그리고 눈치챘는지 모르지만 대부분의 소셜 미디어 마케팅은 어차피 이메일 주소 획득을 목표로 한다. 기업들은 사방에서 호시탐탐 당신의 이메일 주소를 노린다!

이메일 수신자 명단을 만들고 늘리는 게 그토록 중요한 이유가 여기에 있다. 소셜 미디어 생태계에서 무슨 일이 벌어지고 어떤 앱들이 나타났다 사라지든, 대중과 소통할 수 있는 놀랍도록 효과적인 방법이 바로 이메일이다. 그렇다고 해서 소셜 미디어 활동을 전면 중단해야 한다는 뜻이 아니라, 이메일 마케팅이 부업에 있어 여전히 놀랄 만큼 막강한 도구라는 뜻이다.

수신자 명단을 늘리고 소셜 미디어 입지를 다지며 브랜드를 구축하기 위해 당신이 할 수 있는 일들은 다음과 같다.

- 소셜 미디어, 개인 이메일 디렉터리 등 당신의 네트워크 안에

이미 들어와 있는 사람들에게 초대를 보내라. 아울러, 그들이 스스로 신청한 게 아니라면 사람들을 명단에 추가하기 전에 항상 허락을 구하라.

• 다른 업체, 프로그램, 웹사이트, 블로그를 위해 게스트 발표자/블로거가 되어주고 사람들이 당신의 사이트/뉴스레터에 가입할 수 있도록 링크를 추가하라. 대부분의 매체는 당신의 제품이나 서비스 때문에 이해 상충이 발생하지 않는 한 링크 추가에 대해 관대한 편이다.

• 가입 신청 또는 정보 수신 동의(옵트인opt-in) 페이지를 눈에 잘 띄게 배치하라. 그렇게 해놓아도 사이트를 방문하고 애용하는 사람들조차 얼마나 가입을 게을리하는지 깜짝 놀라게 될 것이다. 그러니 아주 잘 보이게 해야 한다.

• '가입 환영 선물'을 마련하라. 어떤 사람들은 이 말을 들으면 당혹스러워하지만 그래야 공정한 거래다. 누군가가 당신에게 이메일 주소를 주었다고? 당신도 그들에게 뭔가 가치 있는 것을 제공하라. 다음에 웹사이트를 방문하거든 주의 깊게 살펴보라. 그들은 십중팔구 당신의 이메일 주소를 원하고 그 대가로 뭔가를 제공할 것이다. 최신 주식 동향에 관한 보고서일 수도 있고, 이스라엘 군용 무술을 익힐 수 있는 무료 입문 동영상일 수도 있다.

• 수신자 명단과 잠재 가입자를 잘 관리하라. 명단에 올라있는 사람은 누구든지 잠재 고객, 사업 파트너, 추천인이 될 수 있다고

가정하라. 뭔가를 요구하기 전에 주간 또는 월간 이메일을 통해 고부가 가치를 꾸준하게 제공하라. 대다수 사람들은 이 부분에서 고전한다.

흔한 경우는 아니지만 웹 기반이 아닌 기업들도 온라인에서 팔로잉 기반을 구축할 경우 도움을 받을 수 있다. 미용사를 예로 들자면 매월 동영상 강의를 발송하거나, 인스타그램에 최신 헤어 트렌드를 보여주는 작업 결과를 정기적으로 게시하거나, 가벼운 데이트에 어울리는 자연스러운 올림머리 하는 법을 동영상으로 게시할 수 있다. 이렇게 부가가치를 먼저 제공하면 사람들은 "와, 이 사람 정말 마음에 드네. 이 사람이 하는 작업실/미용실/수업을 후원해 주고 싶다."라고 생각하게 된다. 콘텐츠 마케팅이 제대로 먹힌 것이다! 사람들은 해당 주제에 관한 전문가로 당신을 편안하고 친숙하게 받아들이고, 시간이 지나면서 당신에게 일을 맡기려는 사람들도 늘어난다.

일례로, 내 친구 해나는 이 책의 초안을 편집하는 데 도움을 주었다. 그녀는 원래 친구의 친구였는데, 내가 집필을 시작할 때 훌륭한 조언으로 간간이 나를 도와주었다. 유명인 인터뷰 일정을 잡을 때 홍보팀과 협업하는 법, 강렬한 첫 문장을 작성하는 법 등을 해나에게 배웠다. 그녀는 프로다. 우리는 센트럴 파크의 피크닉 장소에서 처음 만났고, 책 읽기와 글쓰기라는 공통 관심사 때문에 친구가 되었다. 해나는 뛰어난 프리랜서 편집자/작가이고, 내가 이 책을 쓰도록 돕는 것은 그녀의 부업 중 하나였다! 그러더니 한번은 해나가 뉴스우먼스 클럽 오브 뉴욕Newswomen's Club of New York 행사에서 비전 보드를 진행해달라고 나를 라이프 코치로 고용했다. 이런 식으로 우리는 지난 몇 년간 서로 도움을 주고받는 관계로 발전했다. 이게 무슨 의미일까? 사람들은 어디에나 있다. 사람들과 친분을 쌓아라. 네트워크를 꾸준히 키워 나가라! 그러면 쌍방 모두에게 득이 될 것이다.

예를 들어 나는 스테파니 세인트 클레어라는 훌륭한 코치 겸 라이프 전략가를 온라인상에서 알게 되었다. 그녀의 활동에 관해 읽고 트위터를 통해 연락을 했다. 스테파니가 나중에 뉴욕시로 이사하면서 우리는 진짜 친구가 되었다! 공통의 관심사를 가진 사람들을 만나면 정말 기분이 좋다. 창업가가 되고 싶어 하는 사람에게 해주고 싶은 조언이 있는지 묻자, 그녀는 솔직하게 말해 주었다.

"재정적으로 완전히 자립하기까지 2년 정도 시간을 확보하세요. 첫해에는 당신을 믿어주고 기억해주며 약간 푹 빠졌다 싶은 의뢰인과 고객들을 만드는 데 주력해야 해요. 글, 동영상, 소셜에서 공유하는 무료 콘텐츠, 받은 편지함으로 보내는 이메일 등 여러 가지 방법으로 할 수 있죠. 돈 생각은 일절 하지 말고 계속 베풀어야 해요.

그렇게 하다 보면 다들 미치려고 하죠! 자신이 뭔가를 잘못하고 있다거나, 구입 의사가 없는 '인색한' 고객들밖에 없다고 생각하기 때문이에요. 하지만 그것은 신뢰를 쌓고 관계를 키워가는 과정에 지나지 않아요. 어느 시점에 저울의 눈금이 한쪽으로 기울죠. 정확한 시점은 전혀 통제 불가능하니, 그 부분에 대해서는 포기하도록 하세요. 하지만 어느 날 문득 예전만큼 정신없이 일하지는 않고 있구나 깨닫게 될 것이고, 벌어들이는 돈도 초창기보다 두세 배 늘어나 있을 거예요. 해볼 만한 가치가 있죠!"

옳은 말이다. 수년간 일요일마다 무료 웰니스 팁을 받아온 사람들은 이제 나에게 끊임없이 코칭을 부탁하고 있다. 당신이 베풀기를 계속할 때 새로운 기회는 난데없이 나타난다!

다중 수입원에 관한 멋진 진실

부업을 시작하려는 의뢰인들에게 내가 항상 빼놓지 않고 하는 이야기가 있다. 다중 수입원의 필요성을 인식하라는 것이다. 특히 초반에는 이 수입원이 더욱 중요하다. 부업이 직장에서 소득 불확실성에 대한 훌륭한 대책이 되어 주듯이, 여러 개의 소득원을 확보하는 것은 사업 주기와 의뢰인들의 수요 변화에 대한 대책이 되어준다. 현금이 궁해지면 절대 최선의 성과를 낼 수 없다는 사실도 명심하라. 주머니 사정이 곤궁하면 스트레스에 지쳐 창의성이 넘쳐흐를 수 없다. 돈 나올 구멍이 많을수록 더 창의적으로 생각할 수 있고 새로운 기회를 더 선별적으로 받아들일 수 있다. 부업이 놀라운 마법을 부리는 이유는 여기에 있다. 그러니까 사업을 다각화하여 완충 자금을 든든하게 지켜내라!

사업이 성장할수록 다수의 수입원을 확보해 둠으로써 (즐거움의 관점에서) 어떤 영역에 집중하고 싶고, (사업적 관점에서) 어떤 영역에 집중해야 하며, 그에 따라 어떻게 확장/축소를 해야 할지 쉽게 판단할 수 있다.

소극적 소득*에서 나오는 수입도 있다. 온라인으로 제품, 전자책, 강좌를 판매한다든가, 이미 보유한 부동산을 빌려주고 받는 임대 소득이 그것이다. 혹은 남에게 무언가를 소개해주고 마치 헤드헌터처럼 소개가 성사되면 수수료를 받는 형태도 가능하다.

---

* 적극적인 경제 활동을 하지 않아도 생기는 소득. —역주

내가 사업을 통해 수익을 창출하는 방법은 다음과 같다(특정한 순서 없음).

- 블로그(구글 광고)

- 일대일 라이프 코칭

- 그룹 코칭

- 대형 매체에 기고

- 다른 업체와 코치들에게 추천 파트너 역할

- 임원 코칭, 컨설팅, 스타트업 자문

- 온라인 코스 판매(예: 간단히 시작하는 부업, 30일 안에 급여 인상

  받는 방법)

- 이 책!

- 자신감이라는 주제로 대기업 대상 강의

- 비전 보드 파티와 같은 행사 주최

여기서 경고해둘 사항이 하나 있다. 나는 회사에 속해 풀타임으로 일하는 동안 번아웃burnout**을 막기 위해 두 번째와 네 번째에만 집중했다. 나머지 소득원은 그 후에 추가한 것이다. 한 가지로 시작한 후 차차 종류를 추가해 나가라!

** 일에 지나치게 몰두하다 극도의 신체적·정신적 피로를 느끼며 무기력해지는 현상. ─편집자 주

돈 문제에 초점을 맞춘 이번 장을 마무리하기에 앞서, 다중 수입원 창출에 관한 투자의 귀재 제임스 알투처의 견해를 소개하고 싶다. 안전하게 직장 생활을 하고 퇴직 연금을 붓고 은퇴할 나이가 될 때까지 수십 년 동안 남 밑에서 일하는 것은 시대에 뒤진 방향이라는 그의 관점은 내 사업과 인생에 지대한 영향을 끼쳤다. 역대급으로 낮은 임금과 급여 인상률에 기대어 빠듯하게 생활하고, 높은 수수료를 떼어가는 주식형 플랜에 보수적으로 저축하며, 예기치 못한 유지보수 비용이 많이 들고 유동성도 떨어지는 집에 돈을 묶어두는 대신, 그는 자기 자신에게 먼저 투자하라는 파격적인 제안을 한다.

알투처는 다음과 같이 말한다.

"애석하게도 물가가 상승하는 사이 소득은 급격히 곤두박질쳤다. 18세에서 35세 사이 노동자의 평균 임금은 1992년 36,000달러에서 지금 33,000달러로 줄어들었고, 점점 낮아지는 추세다.

이에 반해 내가 아는 사람 중 재정적 기반이 탄탄한 사람들은 여러 개의 수입원을 확보하고 하나의 일자리에만 목을 매지 않으며, 그들이 하는 일은 학교에서 배운 지식이 아니라 100퍼센트 경험과 관련된 경우가 많다.

'그러면 인문학은요?' 이렇게 반문할 사람들이 있을 것이다. 나도 안다. 학교에서 예술과 인문을 배울 수 있다. 여러 가지 사회 경험도 쌓을 수 있다. 하지만 학자금 대출이 1조 3천억 달러를 넘어서 계속 증가하고 있는 현실을 감안하면 더 저렴하고 안전하게 그런 것들을 배울 수 있는 방법은 많다. 삶을 풍요롭게 해주고 (대출이 없기 때문에 더욱) 가치 있는 미래를 만들며 사회적으로 긍정적인 방법들 말이다.

모든 사회는 대중을 견제하기 위해 나름의 '종교'를 만든다. 내가 하고 싶은 말은 이거다. 그 종교를 거부하지 말라. 그 교리 중 다수는 당신과 당신 가족, 당신이 사랑하는 사람들에게 도움이 된다. 다만 언제나 회의적인 관점을 유지하라. 비행기 사고가 나더라도 산소마스크를 자기 얼굴에 먼저 써야 다른 사람을 도울 수 있는 법이다. 당신 자신을 먼저 돌보아라. 당신 자신을 선택하라."

나는 보수 좋은 회사의 직장을 버리고 부업에 전념하기 위해 많은 통념을 제쳐두어야 했다. 통념은 내 행동이 위험하다고 이야기하지만 때로는 통념에 귀 기울이는 것이 가장 위험한 행동일 수도 있다.

퇴근 후 할 일

당신이 진출하고 싶은 분야에서 일하고 있는 사람들에 관해 조사하라. 그들의 웹사이트에 가서 '업무 의뢰' 탭이나 '프로그램과 과정' 항목을 살펴보라. 공감하는 부분이 있는가? 그들의 사업 안에서 여러 가지 제품과 서비스를 찾아볼 수 있을 것이다. 이를테면 직접 만나서 진행하는 유료 옵션, 판매 중인 책, 주관하는 행사의 티켓, 아이튠즈itunes 다운로드 등이다. 요가 강사라면 수련, 개인 세션, 그룹 수업을 제공하면서 콘텐츠 마케팅의 일환으로 여름철에 간간이 무료 야외 수업을 진행할 수 있다. 애완동물 관리사라면 가정 방문과 다양한 수준의 돌봄 서비스에 대해 부가 요금을 책정할 수 있다. 스타일리스드라면 일회성 의상 컨설팅이나 좀 디 집중적인 옷장 정리정돈 서비스를 제공할 수 있다. 흥미가 느껴지는 부분에 관심을 기울이고 그들의 아이디어에서 영감을 얻어라. 해당 분야에 경쟁자가 있다는 것은 시장이 존재한다는 증거이고, 그것은 멋진 일임을 기억하라! 이것을 시장 조사 결과 겸 영감으로 활용하라. 부업을 시작할 때, 당신은 어떤 수입원을 성장시키는 데 집중하고 싶은가?

추가 팁 기회가 닿는 대로 부업을 하는 사람들이나 창업가들과 협력하라. 당신의 부족tribe을 찾아라. 공동체가 커질수록 행운도 더 많이 만나게 될 것이다. 지인 중에 당신이 진출하고 싶은 분야에서 이미 비슷한 일을 하고 있는 사람이 있는가? 그들의 명단을 작성해 보고 이 사람들에게 부가가치를 제공해 가까이 다가가라! 인맥이 넓어질수록 나중에 당신과의 거래에 관심을 표하는 사람들이 많아질 것이다.

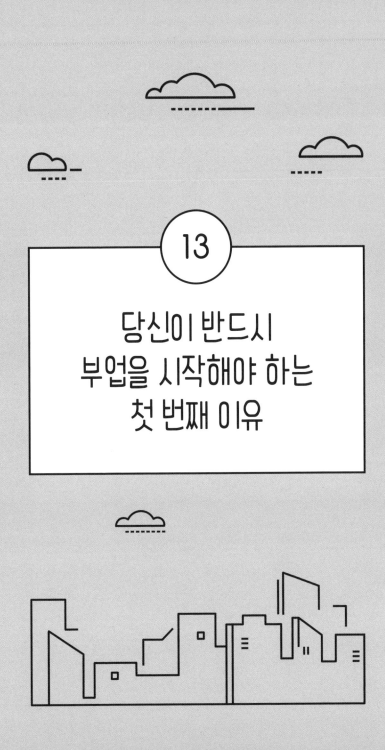

13

당신이 반드시 부업을 시작해야 하는 첫 번째 이유

"다른 누군가의 삶을 완벽하게 모방하며 사는 것보다

자신의 운명을 불완전하게 살아내는 것이 더 낫다."

바가바드 기타The Bhagavad Gita ✶

—

"당신이 여기 온 이유를 세상에 알리고 열정을 다해 그 일을 하라.

......

못다 부른 음악을 품은 채로 죽지 말라."

웨인 W. 다이어 박사
심리학자, 자기계발 저자

✶　'신의 노래'라는 의미의 힌두교 경전. —역주

한발 물러서서 큰 그림을 보면 당신의 인생은 어떤 모습인가? 여든 살의 당신이 침대에 누워 삶을 되돌아보고 그동안 내린 모든 결정을 회상하는 장면을 상상해보라. 고대 그리스인들은 매일 '죽음 연습'을 하곤 했다. 매일 인생에 관해 더 폭넓은 시야를 기르고 그러한 관점이 모든 생각, 행동, 습관에 배어들어 사소한 걱정에 휘둘리지 않도록 단련했다. 그런가 하면 한국인들은 오늘 살아 있음에 감사하는 마음을 가지기 위해 자신의 모의 장례식에 참석하기도 한다. 호스피스 간호사인 브로니 웨어는 저서 『내가 원하는 삶을 살았더라면』(피플트리, 2013)에서 임종이 가까운 환자들 가운데 얼마나 많은 이들이 자신이 정말로 원하는 삶을 살지 않고 남이 기대하는 삶을 살았던 것을 후회하는지 적었다. 이에 반해 자신의 소질, 기술, 재능을 사용한다면 후회의 여지는 남지 않는다.

우리는 모두 이 사실을 마음속으로 알고 있다. 진심으로 좋아하는 일을 하는 것보다 더 큰 동기부여 요인이 어디 있겠는가? 브로니 본인도 인생에 더 깊은 의미가 필요하다고 느꼈을 때 말기 환자의 완화 치료를 전문으로 하는 간호사가 되었다. 어떤 사람들은 자원봉사나 적극적인 신앙생활에서 삶의 의미를 찾지만, 브로니처럼 매일 하는 일에서 더 깊은 삶의 의미를 찾는 사람들도 있다.

라이프 코칭을 하다 보면 자기 자신에게 승부를 걸기로 결심한 사람들이 결국 최고의 순간을 맞이한다. 자기 자신을 선택한다는 것은 상사가 부여한 일이나 권위 있는 인물이 당신에게 기대하는 일이 아니라 당신이 사랑하는 일을 자기 방식대로 한다는 뜻이다. 해야 할 일을 지시받는 구조 밖으로 걸어 나올 때 원하는 일을 선택할 수 있는 위치에 서게 된다. 그러라고 자유 시간이 있는 것이고! 어쨌거나 당신의 인생이다. 당신에게 만족감을 주는 활동에 인생을 써라.

선택은 오롯이 당신의 몫이다.

인생을 전체적인 그림으로 바라보면 의사결정에 훨씬 더 폭넓은 관점을 가질 수 있다. 스티브 잡스가 2005년 스탠퍼드 대학교 졸업식 축사에서 한 이야기는 지금도 들을 때마다 전율이 느껴진다.

"곧 죽는다는 생각은 인생의 결단을 내릴 때마다 가장 중요한 도구였습니다. 죽음 앞에서는 모든 외부의 기대, 자존심, 수치스러움이나 실패의 두려움이 떨어져 나가고 진정으로 중요한 것만

남기 때문입니다. 죽음을 생각하는 것은 뭔가를 잃을지도 모른다는 두려움에서 벗어나는 최고의 길입니다. 여러분은 아무것도 잃을 것이 없기에, 마음이 내키는 대로 따르지 않을 이유가 없습니다."

세상에 영향을 끼치고 싶고 거기에 마음이 강렬하게 이끌린다면 부업을 시작하지 않을 수 없다. 의뢰인들이 과감히 도약할 때 벌어지는 놀라운 일들을 목격해온 사람으로서 나는 진짜로 그렇게 믿는다.

열정을 느끼는 일을 사업화하기로 선택한다는 것은 상사를 위해 일하는 사람에서 독립적으로 일하는 사람으로 생활의 목표를 바꾸는 일이다. 원하는 삶을 손에 넣는 일이다. 월급 주는 사람들의 욕구보다 자신의 욕구를 충족하는 쪽으로 초점을 전환한다는 뜻이다. 이런 변화가 멋진 이유는 단순히 새로운 수입원이 생긴다는 데서 그치지 않는다. 자신의 시간과 에너지를 새로운 마음으로, 소중히 취급할 수 있다. 스트레스를 받거나 지쳐 있는 상태로 이제 막 발돋움하는 사업을 어떻게 성공시킬 수 있겠는가? 부업에 뛰어든 사람에게서 새로운 활력이 솟아나는 듯이 보이는 이유가 여기에 있다. 자기 자신을 돌보는 일이 첫 번째 의무가 되기 때문이다.

그러한 이유로 마인드바디그린의 제이슨 와코브는 규칙

적인 명상을 거르지 않는다. "명상은 저에게 획기적인 변화를 가져다주었어요. 스트레스 해소, 창의력과 집중력 향상에도 도움이 되고요." 하우 쉬 메이드 잇의 창립자 메리 킨-도슨도 명상에 관해 똑같은 점을 강조한다. "현재에 온전히 머무르는 것 못지않게 정신을 비우는 것도 중요해요. 적어도 하루에 한 번은요. 그럼으로써 몸에 재시동을 걸게 되고, 일상의 우선순위를 재설정하고 되돌아볼 수 있죠." 마인드풀MNDFL의 창립자 엘리 버로우즈도 이 말에 동의한다. 부업으로 명상 스튜디오 창업을 준비한 사람이니 놀랍지 않은 결과다! 희망에 부푼 창업가들에게 권하고 싶은 첫 번째가 무엇인지 물었더니 엘리는 이렇게 대답했다. "사업에 애쓰기 전에 자기 자신부터 보살피라고 충고하고 싶어요. 인간은 대단히 공동체 중심적인 존재이고 어떤 일을 하려면 정말 마을 하나가 필요할 때가 있어요. 명상 선생님, 치료사, 영적 조언자, 라이프 코치, 친구, 어떤 형태이든, 자신의 틀 밖에서 도움을 구할 경우 대단히 유익할 수 있죠."

알고 보면 열정을 바탕으로 부업을 시작해서(예: 데이트 코치, 프리랜서 디자이너, 인테리어 장식가, 재무 상담사 등) 사업을 일구는 목적이 돈 때문만은 아니다. 그것은 삶의 질을 개선하는 일이다. 당신의 비전을 보살피는 일이다. 목적의식을 키우는 일이다. 쳇바퀴 같은 일상을 벗어나는 일이다. 당신의 목표와 재능을 진지하게 받아들일 때 스스로의 가치를 긍정하게 된다. 삶의 질을 포기하고 사무실에 더 오래 머물기를, 혹은 가슴 후련한 자유 대신 숨 막히는 안전을 받아들이기를 종용하는 세력에 "노No"라고 대답한다는 뜻이다. 명상과 그 밖의 여러 자기 돌봄 방법들은 중요한 퍼즐 조각이다. 명상, 요가, 일일 긍정, 일기 쓰기 등 효과가 있다면 무엇이든 상관없다! 부업에 헌신하는 것은 당신 자신에게 헌신하는 것임을 잊지 말라. 자신을 돌보는 것은 당신의 일이다! 힘닿는 대로 모든 긍정 에너지, 그리고 자기 돌봄을 통해 창의적인 면을 길러나가라.

초창기의 코칭 의뢰인 한 명이 나에게 이런 말을 했다. "코치님, 광고대행사에서 근무할 때 제가 (남몰래) 하는 일이라고는 패션 룩을 모으고 빈티지 보석류를 찾는 것밖에 없어요." 그녀의 관심 분야는 너무나 명백했다. 주말마다 룩북look book*을 만들었고, 인스타그램에서 디자이너들을 팔로우했으며, 상당히 빡빡한 예산으로도 항상 아름답고 맵시 있게 옷을 차려입었다. 한발만 물러서면 깨달을 수 있는 사실이었다. 2년이 지난 지금 어떻게 되었냐고? 그녀는 저녁과 주말에 개인 스타일리스트로 활동하고 있으며 고객층이 어느 정도 모이는 대로

---

* 패션 브랜드나 디자이너의 경향이나 스타일을 보여주는 사진집. —역주

전업으로 전환할 계획이다.

그녀에게 일어날 수 있는 최악의 사태는 무엇일까? 막상 해보니 마음이 들지 않는다. 의뢰인의 발길이 끊어진다. 예전의 직장 생활이 그립고, 회계, 세금, 웹사이트 관리 등 사업으로 인해 필연적으로 발생하는 후방 업무가 너무 싫다. 그러면 어떻게 해야 할까? 지난번 직장과 비슷한 다른 직장을 구하면 된다(연봉이 더 오를 수도 있다).

반대로, 그녀에게 벌어질 수 있는 최고의 상황은 무엇일까? 유능한 최고경영자가 되어 자신이 완전히 푹 빠져있는 일을 한다. 스타일에 관한 책을 쓴다. 최고의 트렌드세터들과 절친한 친구가 된다. 디자이너들이 그녀의 트위터 계정을 팔로우한다. 파리로 활동 무대를 옮긴다. 연예인 고객들을 상대하고 따뜻한 로스앤젤레스에서 겨울을 보낸다. 독자적인 액세서리 라인을 론칭한다. 누가 아는가? 가능성은 끝이 없다. 에밀리 디킨슨은 "나는 가능성 속에 산다 I dwell in possibility."라고 썼다. 내 의뢰인들도 마찬가지다. 당신도 그럴 수 있다. 시작하기만 한다면.

나는 얼마 전 친구와 통화를 하다가 얼마나 일을 많이 하느냐는 질문을 받았다. 나는 잠시 멈칫했다. 그 질문은 내 삶에서 더 이상 무의미해졌기 때문이었다. 회사에서 일할 때는 5시 이후에 사무실을 지켜야 하거나 출장 비행 후 집에 늦게 도착해 남편과의 저녁 식사 약속을 지키지 못할 때 짜증이 솟구치곤 했다. 내 대답은 친구를 놀라게 했다. (나도 놀랐다.) "글쎄, 달력은 일정으로 가득하지만 일하고 있다는 느낌이 들지 않아." 꽤 멋진 대답이라는 생각이 들었다! 내가 잘 하고 있다고 인정하는 우주의 윙크를 받은 기분이었다. 바쁘지만 전혀 일하는 느낌이 아니라니, 이보다 더 좋은 일이 어디 있을까?

퇴근 후 할 일

여든 살의 당신이 보내는 편지를 써라. "소중한 나에게, 두려워하지 않고 인생을 살아서 너무 기쁘다. 내가 … 한 것이 참으로 감사하다."와 같은 식으로 시작하라.

그린 다음, 마음속으로만 하고 싶어 했던 모든 일을 나이든 당신의 관점으로 적어보라.

이 지혜롭고 나이든 버전의 당신과 대화를 시작할 때 다음의 몇 가지 질문을 기억하면 좋다. 이렇게 자문해 보라.

- 내가 정말, 진심으로 원하는 것은 무엇인가?
- 나는 어느 부분에서 망설이고 있는가?
- 지금 당장 어떤 일을 실행할 용기를 내어야 나 자신에게 축하를 보내게 될 것인가?
- 나의 어떤 부분을 진심으로 존중해 주고 거기에 충실해야 하는가(설령 그것이 나에 대한 남들의 기대에 어긋나더라도)?
- 무엇이 나를 정말로 행복하고 살아 있다는 느낌이 들게 하는가?
- 어떻게 하면 행복과 진실성을 제일의 우선순위로 만들 수 있는가?

속마음을 감추지 말라. 겁이 나더라도 모든 소망을 겉으로 드러내어라. 당신의 역량을 넘어서는 소망이라도 괜찮다. 하지만 좋아하는 일을 하고 싶다는 소망이 분명히 제일 먼저 떠오를 것이다.

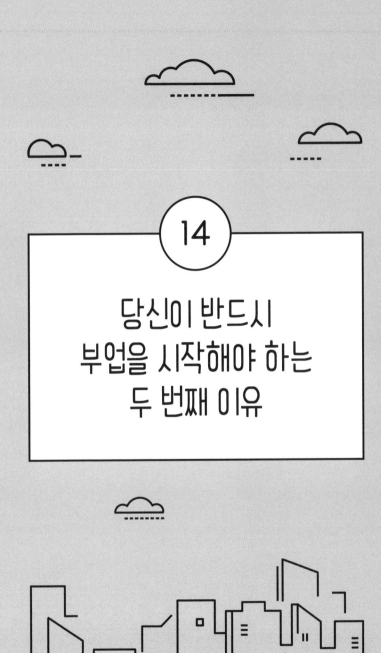

14

당신이 반드시
부업을 시작해야 하는
두 번째 이유

"하고 싶은 일을 할 수 있을 때까지 해야 하는 일을 하라."

오프라 윈프리

—

"음…… 나라고 왜 못해?"

민디 케일링
배우 겸 저자

좋다. 지금까지 부업의 영감적인 측면을 다루었다. 이번에는 구체적인 세부 사항으로 들어가보자. 우리가 이 세상에 머무는 시간은 분명히 한정되어 있다. 또한 우리 안에는 엄청난 재능과 창조력이 발휘되지 못한 채 잠자고 있다. 그렇다면 삶을 더 온전히 살아내기 위해서라도 내면의 떨림을 충족시켜야 마땅하다. 우리는 그 떨림을 포착하고 키워서 무슨 일이 벌어질 수 있는지 알아보아야 한다. 그렇게 하지 않는 것은 바람직하지 못하다. 하지만 반드시 그래야만 할 현실적인 이유 또한 존재한다. 앞서 수입원 창출에 관한 장에서 눈치챘겠지만 다시 한번 정리해 보자!

핵심적인 이유는 다음과 같다.

- 불확실한 경제에 대비할 수 있다. 고용 보장이란 더 이상 존재하지 않는다.

- 돈을 더 벌 수 있다. 따라서 매일 거리낌 없이 4달러짜리 라떼를 마실 수 있고, 대출도 일부 상환할 수 있으며, 휴가를 떠날

수도 있다.

- 이 시대에 꼭 필요한 새로운 스킬을 습득하게 된다. 예를 들어, 기본적인 회계 및 세무 지침을 익힐 뿐 아니라 영업, 마케팅, 협상, 인맥 관리, 워드프레스, 고객에게 맞는 CRM 시스템 구축 방법을 배울 수 있다(혹시 모르는 분들을 위해 덧붙이자면 CRM은 고객 관계 관리를 의미한다). 이런 스킬은 본업에도 도움이 될 수 있다. 본업이 더 이상 필요가 없어질 때까지만이지만!

- 준비 비용이 거의 들지 않는다. 나는 웹사이트, 명함, 사무실 없이 라이프 코칭을 시작했다. 시간당 100달러를 책정했고, 내 링크드인과 페이스북 네트워크를 통해 인맥을 넓혔으며, 독자적인 사무실 대신 카페나 스카이프를 통해 고객을 만났다. 게다가 회사를 설득해 코칭을 공부하는 데 드는 비용을 지원받을 수 있었다. 자신 있게 요구하면 있는지도 몰랐던 예산이 생기기도 한다!

- 스케줄에 맞추어 일할 수 있다. 저녁 시간과 주말을 온전히 활용할 수 있다. 역량은 마음먹기에 달렸다는 점을 깨닫는다면 활용할 수 있는 시간은 어마어마하게 많아진다.

- 온라인 리소스 덕분에 핑계를 찾기는 더욱 어려워졌다. 99디자인스99designs, 피버Fiverr(바로 전까지만 해도 나는 부업으로 시작한 보이스 오버[내레이션 해주기]로 월 9천 달러의 수입을 올리는 여성에 관한 글을 읽고 있었다), 업워크upwork, 프리랜서닷컴 Freelancer.com 등에서 프리랜서로 활동할 수 있다. 이 사이트는 웹

사이트 자서전 쓰기부터 책 표지 디자인과 번역까지 다양한 일감을 제공한다.

- 돈을 아낄 수 있다! 한번 생각해 보라. 술집에 가고, 샘플 세일을 기웃거리고, 느긋한 점심 식사를 즐기고, 온라인으로 플랫 슈즈나 골프채를 쇼핑하는 대신 그 시간을 사업을 키우는 데 할애한다면 어떻게 되겠는가?
- 언젠가 부업으로 벌어들이는 돈이 월급과 맞먹거나 월급을 능가하는 날 상사에게 일을 관두겠다고 당당하게 말할 수 있다.
- 사람들에게 꼭 필요한 차세대 혁신 제품을 발명하거나 작품을 집필하거나 물건을 만들 수 있다.
- 아무래도 제약이 많은 일반 직장 생활과 달리, 기회가 정말 무한정하다. 이 세계에는 유리 천장도 없고 연봉 격차도 없다!

아직도 확신이 서지 않는다면 이걸 알아두어라. 세라 블레이클리는 풀타임으로 팩스 기계를 판매하면서 스팽스를 만들었고, 스팽스가 '오프라가 가장 좋아하는 것'으로 꼽힌 후에야 일을 그만두었다. 할레드 호세이니는 병원에서 풀타임으로 근무하면서 베스트셀러 『연을 쫓는 아이』(현대문학, 2010)를 썼다. 마이클 버리는 스탠퍼드 대학교 병원에서 레지던트로 근무하는 사이 취미로 재무 투자를 계속했다. 얼마 후 부업에 온전히 매달리기 위해 병원을 그만두고 헤지펀드를 설립해 큰 성공을 거두었다. 서브프라임 모기지 사태를 정확히 예측해 천문학적인 수익을 벌어들였고, 마이클 루이스가 쓴 책 『빅 숏』(비즈니스맵, 2010)에서 주인공으로 등장했으며, 같은 제목으로 제작된 영화 〈빅쇼트〉에서 크리스천 베일이 그를 연기하기도 했다.

그 정도로 성공할 만큼 가진 게 없다는 생각이 든다고? 생각을 바꾸어라. 『먹고 기도하고 사랑하라』(민음사, 2017[재출간])의 저자 엘리자베스 길버트는 내가 중요한 멘토로 삼고 있는 사람이다(그녀는 이 사실을 모르지만). 《코스모폴리탄》과의 인터뷰에서 엘리자베스는 다음과 같이 말했다.

"저는 지금 마흔여섯이에요. 20대에 어울렸던 사람들을 돌이켜 보면 당시의 제가 보기에 무한한 힘과 무한한 장래성과 무한한 가능성이 있다고 느껴졌던 사람들이 있었어요. 하지만 그들은 그걸로 아무것도 하지 않았죠. 그에 반해 제가 약간 깔보았고 별 볼 일 없다고 생각했던 사람들도 있었어요. 그런데 그 사람들이 최종적으로 이루어낸 성과에 저는 깜짝 놀라고 말았어요. 제가 보기에 세상에서 가장 무의미한 질문은 '누구에게 재능이 있는가?'와 '누구에게 재능이 없는가?'예요. 정말 중요한 건 그게 아니라는 걸 눈으로 확인했기 때문이죠. 우리는 절대 알 수가 없어요. 누가 재능이 있고 없는지 구분할 수 있는 객관적인 잣대가 있는 게 아니니까요. 사람들이 어떤 결과를 만들어내고 어떤 인생을 살아가는지를 보고 판단할 수 있을 뿐이죠. 제가 타고난 재능이 어느 정도인지는 모르겠어요. 주변 사람들보다 열심히 살았다는 건 분명하지만요. … 20대에 … 바텐더였고, 웨이트리스였고, 서점에서도 일했죠. 중요한 건 근면한 태도와 목표를 추구하려는 의지예요.

저는 세 가지 일을 겸업하면서 처음 두 권의 책을 썼어요. 그래서 사람들이 '이 일을 하고 싶지만 시간이 없어!' 혹은 '직장이 있으니 책을 쓰려면 일을 그만두어야 할 거야.'라고 말하는 걸 들을 때마다 '별로 간절하지 않구나.'라고 생각하게 돼요."

당신은 부업에 어떻게 몰입할 생각인가? 언젠가 나는 온라인 광고업계에서 영업이사로 일하는 젊은 여성 두 명과 브런치를 한 적이 있었다. 둘 다 총명하고 유능한 사람들이다. 그중 한 명이 특정 업계에 특화된 이벤트 기획 사업 아이디어가 떠올랐다고 털어놓았다. 멋진 사업 콘셉트였다. 그런데 비밀을 한 가지 알려줄까? 아이디어는 지나치게 과대평가된다. 그럭저럭 괜찮은 아이디이를 실행에 옮기는 편이 예쁘게 장식된 와플을 먹으며 굉장한 아이디어에 관해 이야기만 하는 것보다 훨씬 낫다.

그녀는 이야기를 꺼내자마자 문제점을 찾기 시작했다. "글쎄요. 언젠가 뉴욕을 떠나고 싶은데, 그렇게 되면 그 일을 계속하기가 힘들겠죠."라거나, "제가 서비스 업종에는 전혀 경험이 없어서요."라고 말하면서. 아, 또 너로구나, 우리의 오랜 친구 두려움이여. 나는 비명을 지르고 싶었다. 지금 장난해요? 당신은 영업인이잖아요! 어느 때보다도 경쟁이 치열한 분야에서 온갖 역경을 딛고 계약을 성사시키는 사람이라고요!

내가 알기로 회사에서 그녀는 단 30분짜리 회의를 한번 잡으려고 거래처에 스무 번도 넘게 연락을 한다. 이 젊은 여성이 자신에게 맞는 장소를 몇 군데 빌려 매일 회사에서 하듯 아이디어를 제안하지 못할 거라 생각하는가? 게다가 어느 나라든 도시마다 매일 갖가지 행사가 열리지 않는가? 그래서 나는 그녀에게 물었다. (당신도 의구심이 피어오를 때 이렇게 자문해 보아야만 한다.)

- 그게 가능하다고 믿는다면 일이 어떻게 전개될 것 같아요?
- 당신이 가진 스킬 중 이 일에 유리하게 쓰일 만한 스킬은 무엇인가요?
- 꼭 생각한 대로는 아니더라도 그 일이 어떤 식으로 성공할 수 있을까요?

이 세 가지 질문을 받고 이 젊고 유능한 여성은 문제점을 스스로 해결했다. "저는 영업을 하는 사람이에요. 사람들을 설득하는 방법을 알고 있죠. 아이디어를 제안하는 방법도 알고요. 자료 조사를 좀 해보고(딩동댕!) 새로운 시장에 맞게 조정하면 되겠네요!"

당연한 얘기다.

이러한 통찰을 얻은 그녀는 자신이 원하는 방식의 인생을 만들기 위한 길을 걷고 있다. 당신이 원하는 인생은 어떤 모습인가? 챔피언스 오브 더 웹Champions Of The Web의 최고경영자 댄 콜란스키는 기업 웹사이트 구축과 온라인 마케팅 캠페인 대행 사업에서 나온 부수입으로 원하는 삶을 찾았다. 그는 이렇게 말했다. "아내가 아이들과 함께 집에서 머물 수 있게 됐고, 사진과 캠핑 등 제가 좋아하는 취미 생활에 필요한 자금을 충당할 수 있게 됐죠. 장기적으로는 경제적 자유를 이루어 가족들과 함께 많은 시간을 보내고 저희 동네의 지역사회 활동에도 참여하고 싶어요. 아이러니하게도 제 사업은 이미 몇몇 고객들에게 경제적 자유를 선물해 주었죠. 이제는 저 자신을 위해서도 그래야 할 때가 왔어요."

일, 수입, 시간을 스스로 책임지는 것은 인생에 큰 자신감을 가져다준다. 회사에서의 업무 능력이나 오랫동안 일하면서 쌓은 경험을 부업으로 전환할 수 없다고 생각하는 사람이 얼마나 많은지 나는 깜짝 놀라곤 한다. 분명히 말해 두지만 당신이 직장 생활을 통해 알게 된 많은 것들은 여러 귀중한 방식으로 다르게 활용이 가능하다.

부업이 본업에서의 협상력을 높여준다는 사실은 말할 필요도 없다. 댄 콜란스키는 다음과 같은 의견을 밝혔다. "소득에 상한이 없고 지평도 넓어집니다. 어떤 이유로든 지금 하는 일이 마음에 들지 않으면 잘들 해보라고 이야기하고 갈 길을 가면 됩니다. 부업은 본업에서 당신의 값어치를 더 높여주기도 하죠. 당신이 부업으로 월급과 동일하거나 그 이상의 소득을 벌고 있음을 알면 권력 관계의 추는 당신 쪽으로 움직이죠. 회사는 당신이 필요하지만 당신은 회사가 필요하지 않으니까요. 그렇게 되면 특별한 대우, 추가적인 휴가, 급여 인상 등을 요구하기가 아주 쉬워집니다… 저는 상사와의 커뮤니케이션에서 자신감을 얻었어요(오히려 그게 관계 개선에 도움이 되더라고요)." 인생의 한 부분이 나아지면 다른 부분도 나아지기 마련이다!

파울로 코엘료의 『연금술사』를 아직 읽지 않은 분들을 위해 핵심적인 통찰 중 하나를 공유하고 싶다. '세상 만물은 모두 하나'라는 통찰이다. 다르게 말하면 삶의 기술이나 우리가 겪는 경험 중 미래의 경험에 도움이 되지 않는 고립된 경험은 없다는 뜻이다. 예전 직장의 따분한 잡무조차(내 경우 엑셀 스프레드시트에 데이터를 입력하고 매출 관리하기) 새로운 사업에 응용할 수 있는 중요한 교훈을 제시해 주기도 한다. 모든 것은 서로 연결되어 있다. 그것은 새로운 기술을 익힐 훌륭한 기회일 수 있으며, 덕분에 당신은 더 유연하게 미래의 모험을 받아들일 수 있다. 멋진 앱 아이디어가 있는데 코딩의 두려움 때문에 망설이고 있는가? 온라인 무료 강의에 등록하라. 나만의 디지털 제품을 만들 수 있는 역량을 얻는 데서 끝나는 게 아니다. 완전히 새로운 영역의 전문성을 갖추어 이력서에 한 줄 더 올릴 수 있고 더욱 다재다능한 사람이 될 수 있다. 어쩌면 새로 익힌 프로그래밍 실력 덕분에 본업에서 새로운 직책이나 부서로의 승진 자격을 갑자기 얻게 될 수도 있다. 어쨌거나 몸값은 더 높아지고 자신감도 얻게 되며 불가능해 보이는 일 앞에서 덜 주저하게 된다. "어떻게 하는지 몰라요."는 결코 최종적인 답이 될 수 없다. 남들이 할 수 있다면 당신도 방법을 배울 수 있다!

부업을 하다 보면 어쩔 수 없이 항상 무언가를 배우고 실력을 기르게 되므로, 어떤 기회나 도전이 다가오든 대비할 수 있다. 그러지 않는다면 커리어는 정체 상태에 빠지고 인생에 대한 기대감도 사라질 것이다.

잃을 게 뭐 있는가? 당신은 본업을 충실하게 지키고 있다. 집세도 계속 내고 있고. 본업은 지금까지 그랬던 것처럼 앞으로도 당신의 생활을 지탱해 줄 것이다. 의료보험도 그대로 유

지하고 있다. 네이처매퍼의 최고경영자 에런의 말처럼 혼자서
벤처를 만들면 "위험 수준이 낮아지고, 회사 지분을 포기하고
외부 투자를 받을 필요가 없으며, 자기 방식으로 운영해 나갈
수 있다. 내가 나의 상사가 되는 것이다."

부업의 또 다른 실제적 혜택

- 자신의 시간을 스스로 설계한다. 아이가 있는 부모, 누군가를
  돌봐야 하는 사람, 이동이 잦은 사람들에게 특별히 매력적인 혜
  택이다. 일주일/한 달/일 년을 자기 의지대로 통제할 수 있다면
  어떨 것 같은가? 당신뿐만 아니라 주변 사람들에게 어떤 도움
  이 될 수 있는가? 이를테면 아이가 낮잠을 자거나 시간제 보육
  원에 가는 오후 세 시간 동안 작업을 할 수 있을 것이다.

- 추가 소득으로 채무를 상환하거나 구체적인 목표를 위해 돈을
  모은다. 한 달에 500달러, 1,000달러, 5,000달러의 추가 소득이
  생긴다면 이 돈으로 당신과 가족은 무엇을 할 수 있을 것인가?

- 새로 익힌 기술을 이용하고 향후 구직 활동에서 매력도를 높인
  다. 부업을 하는 것은 다른 분야에 발 담금으로써 새로운 직업
  을 찾는 훌륭한 방법이다. 충분한 현금 수익이 나오고 과감히
  도약할 준비가 되는 대로, 못된 상사에게 작별을 통보할 힘이
  생길 것이다.

- 정리해고나 실직에 대비할 수 있다. 만약 올해나 내년, 혹은 5년

뒤에 그런 일이 닥친다면 새로운 현금 흐름과 업무 스킬은 당신에게 어떤 자유와 기회를 만들어줄 것인가?

드라마 재방송을 챙겨보는 것은 장기적인 목표 달성에 아무런 도움이 되지 않는다. 당신에게는 해야 할 일이 있다. 그러니 어서 시작하라. 부수입을 올리는 데에 전념하고, 금전적 목표치와 목적을 설정해 책임을 다하라. 그러려면 세부적인 계획이 있어야 한다! 언제 첫 고객을 받을 것인가? 부업으로 어떤 비용을 충당할 것인가? 금전적 기준을 구체적으로 설정하면 새로운 사업을 구축해 나가는 동안 목표를 향해 정진하는 데에 도움이 된다. 달성하고자 하는 이정표에 대해 일정을 세우고 진행 상황을 추적하라. 함께하겠는가?

퇴근 후 할 일

부업 아이디어가 있다면 다음과 같은 질문을 던져보라.

- 나는 이 사업을 구축하는 데에 주당 몇 시간을 할애할 수 있는가?
- 다음 단계를 향해 나아가기 위해 활용할 수 있는 기존의 인맥이나 영향력 있는 인물이 있는가?
- 현재 받는 월급을 대신하고 끊어진 복리후생을 충당하려면 월 소득이 얼마나 되어야 하는가?
- 내가 가진 스킬 중 부업에 유리하게 쓰일 만한 스킬은 무엇인가?
- 꼭 생각한 대로는 아니더라도 이 일이 어떤 식으로 성공할 수 있는가?

15

가능성은 무궁무진하다

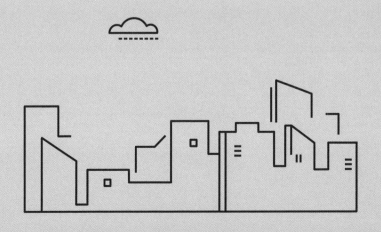

"인간은 자신이 믿는 대로 되는 경향이 있다.

만약 '나는 이 일을 해낼 수 없어.'라고 반복해서 말하면

실제로 해낼 능력이 없는 사람이 되고 말 것이다."

마하트마 간디

—

"상상력의 도약이나 꿈이 없다면

우리는 두근거리는 가능성을 잃게 된다.

꿈을 품는다는 것은 사실 계획을 세우는 것이나 다름없다."

글로리아 스타이넘
페미니스트 운동가

모두가 인지하지는 못하는 우주의 진리를 한 가지 알려주겠다. 꿈을 향해 걷고 행동을 취하고 바쁘게 몸을 움직여 탄력을 얻으면 우주가 당신을 절반쯤 마중 나온다. 스티븐 프레스필드는 저서 『행동하라』(RSG/레디셋고, 2014)에서 이것을 "도움assistance"이라고 부른다. 정말 그렇다. '긍정적 사고' 혹은 '끌어당김의 법칙'처럼 다른 곳에서 다른 이름으로 이 원칙을 접한 적이 있을 수도 있으나, 그 효과는 동일하다. 그렇다고 우리가 인생에서 만나는 현실적인 문제점이 줄어드는 건 아니지만 상황을 대하는 태도가 그만큼 중요하다는 뜻이다.

당신이 꿈에 전념할 용기를 낼 수 있도록 과거에 우주가 어떤 식으로 나에게 도움의 손길을 내밀었는지 개인적인 이야기를 들려주고자 한다. 한 번이 아니라 여러 번 그런 일을 겪었다. 중요한 건 그 도움을 알아볼 수 있도록 마음의 문을 여는 것이다! 2012년 6월, 나는 직장 생활이 약간 따분하고 짜증스럽게 느껴졌지만 아직 부업을 시작하지는 않은 상태였다. 사업으로 자립할 수 있다는 사실도 몰랐고, 어떻게 시작해야 할지 혹은 무슨 일을 해야 하는지도 확신이 없었다. 또한 내가 광고 기술 영업에 100퍼센트 집중하지 않을 경우 상사가 화를 낼까 봐 두려웠다. (점점 더 그렇지 않은 분위기로 가고 있다는 건 반가운 소식이다. 엄격한 계약상의 의무에 얽매인 경우가 아니라면 많은 고용주가 업무 외의 창의적 활동을 지지해준다. 정부 공무원인 경우는 예외.)

그러던 어느 날 내가 담당하던 스타트업의 공동 창립자 중 한 분이 뜬금없이 전화를 주셔서 새로운 기회에 관해 이야기를 꺼냈다. 그해 말까지 워싱턴 D.C.에서 일하면서 정치 광고 영업에 매달려 볼 생각이 있느냐는 것이었다. 지금까지도 그분이 왜 나에게 물으셨는지 잘 모르겠지만 어떻게든 성과를 내고 새로운 프로젝트에 열린 마음을 가진 사람으로 나를 평가해 주신 게 아닐까 생각하고 싶다.

그것은 그때까지 전혀 해본 적 없는 일이었다. 나는 영국에서 태어나, 미국 정치 제도에 관한 이해가 전혀 없었다. 정말 아무것도 모르는 문외한이었다. 당시에 내가 아는 건 오바마가 재선에 도전 중이라는 사실뿐이었고, 심지어 공화당의 경쟁 후보가 누구인지도 몰랐다! 그래서 나는 미국 정치에 관한 단기 속성 공부를 시작하는 한편, 텔레비전 중독자처럼 CNN을 시청하고 《폴리티코Politico》 잡지를 탐독하며 뒤처진 지식을 보충했다.

그러고 나서 6월부터 11월까지 대부분 워싱턴 D.C.에서 머무르며 동영상 캠페인을 정치활동위원회PAC, Political Action Committees*와 광고대행사에 판매했다. 나의 새로운 직함은 정치영업이사Political Sales Director였고, 백악관 맞은편에 있는 W 호텔은 제2의 집이 되었다. D.C.의 택시 기사들은 나를 알아보았다. "W로 돌아가시나요?" 하이힐을 신고 작은 서류가방을 들고 통화를 하면서 급하게 택시에 올라타자 나에게 이렇게 묻는 기사도 있었다. 나는 그가 내 목적지를 안다는 사실에 당황했다.

나는 독특하고 침투하기 어려우며 아주 복잡한 그 시장에서 목숨을 걸고 일했다. 어느 날 저녁에는 연거푸 두 번이나 스테이크가 나오는 저녁을 먹었다. 오후 6시 30분에 한 번, 9시에 한 번, 두 고객의 스케줄에 맞추기 위해서였다.

상사는 내가 광고 매출로 50만 달러를 달성하면 너무나 기쁠 것 같다고 이야기한 적이 있었다. 2012년 11월 3일, 서부에서 마지막 투표가 완료되었을 때 나는 300만 달러 가까운 매출을 달성한 상태였다. 이 이야기의 교훈은 무엇일까? 내가 앞으로 정치 전문가로서 틈새시장을 파고들어야 한다는 것? 아니다. 워싱턴에서 내 소명을 찾았다는 것? 물론 아니다.

---

* 특정 후보나 정당에 후원금을 전달하기 위해 결성된 정치인 후원회 성격의 단체. —역주

교훈은 이거다. 남들이 생각하거나 이야기하는 이런저런 편견에 꼭 부합해야만 멋진 성과를 달성할 수 있는 건 아니라는 사실이다.

나는 정치적 배경이 없었다. 투표를 할 수 있는 미국 시민도 아니었다. 내가 미디어 캠페인을 판매해 본 적은 그때가 처음이었다. 할 수 있다는 믿음과 변함없는 근면함 말고는 성공해야 할 이유가 없었다. 배우 민디 케일링이 곧잘 이야기하듯이 "나라고 왜 못해?"*

그때의 경험은 엄청난 근면함과 믿음으로 단기간에 이루어낼 수 있는 일이 무엇인지 보여주었다. (그로 인해 받은 달콤한 보너스는 언제나 당당하게 대가를 요구해야 한다는 또 하나의 교훈을 가르쳐주었다.) 여기서 주목해야 할 부분. 내가 성사시킨 가장 큰 계약(대략 80만 달러 규모)은 새로 알게 된 인맥이 귀뜸해준 뜻밖의 조언 덕분이었다.

나는 뉴욕으로 돌아오는 길에 이름을 들어본 적 없는 작은 회사와 막판 회의를 했다. 하마터면 불발될 뻔한 회의였다. 약속을 잡으려고 엄청나게 애쓴 회의도 아니었는데 웬지 꼭 가야 한다는 느낌이 들었다. 결과적으로 그것은 우주의 작은 윙크이자 축복이었다. 나의 노력과 헌신에 대한 보답이었다. 바

---

* 『Why Not Me?』라는 제목의 에세이를 펴냈다. —역주

쁘게 몸을 움직일 때 우주는 당신을 절반쯤 마중 나오고 기대 이상의 선물을 내어준다. 나는 이런 이야기들을 무수히 들어보았다. 그래서 확신한다. 우리는 우주에게 기회를 주지 않을 때가 많다. 너무 빨리 포기하거나 시작조차 하지 않기 때문이다.

이 엄청난 계약이 마무리되자, 상사는 뉴욕 사무실을 위해 샴페인을 샀고 병을 따는 내 사진을 회사 전체에 이메일로 공유했다. 끝내주게 짜릿한 경험이었다. 록스타가 된 기분이었다. 그해 나는 샌프란시스코에서 치러진 전체 글로벌 팀 연말 파티에서 다섯 명의 수상자 가운데 한 사람이 되었다. 정작 나는 남편과 함께 카리브해의 터크스 케이커스 제도로 휴가를 떠나느라 시상식에 참석할 수 없었지만! 영화를 촬영 중이거나 머나먼 타국에서 근사한 스케줄을 소화하느라 상을 받으러 오지 못하는 연예인이 된 것만 같았다. 뭐, 상상은 자유 아닌가?

꼭 필요한 순간 우주가 남편 히스와 나를 위해 움직여준 적이 또 한 번 있었다. 우리 부부가 미국에 살고 있는 건 히스 덕분이다. 그가 스물셋일 때 회사가 그를 미국으로 발령냈는데 영주권 신청을 해놓고 열심히 일한 덕분에 뉴욕에 정착하게 되었다. 영주권 절차를 밟아본 사람이라면 누구나 공감하겠지만 그것은 아주 길고 힘겨운 과정이다.

우리는 미국 생활을 즐기고 있다. 그렇게 히스는 (거대한 우

주의 도움으로) 회사를 통해 영주권을 확보했다. 한 회사에서 7
년을 일하고 나자, 그는 장기적인 목표에 더 잘 부합하는 새
로운 직장을 찾아볼 때라고 생각했다. 우리 두 사람을 위해
오랜 기간 정말 잘 버텨준 것이다. 그러나 경쟁이 치열한 시
장에서 구직 활동에 착수하는 것은 겁나는 일이었다. 또한 호
주 회사에서 7년 동안 일하면서 호주식 업무 문화에 익숙해
졌기에, 미국 대기업으로의 이직에 대해 약간 걱정스러운 생
각이 드는 것도 당연했다. 하지만 우주는 다시 한번 우리를
도와주었다.

나는 마이애미에서 출장 중이었다. 고객의 일정 때문에 출
장 일정이 두 번이나 바뀐 뒤였고, 우리 일행은 결국 비세로
이 호텔에 머물게 되었다. 그것도 다른 호텔에 묵으려다가 그
곳에 묵게 된 것이었다. 내가 하는 일은 변수가 워낙 많아서,
우주를 믿는 수밖에 없다! 히스도 합류해 주말을 함께 보내기
로 했다.

우리는 호텔에서 저녁 식사를 하기로 했다. 나는 남편보다
빨리 준비를 마치고 바bar로 향했다. 마티니라도 한잔 할까 싶
었다. 자리를 잡고 앉자, 내 옆자리의 남자에게 주문한 음식
이 나왔다. 먹음직스러워 보였다. 그래서 나는 무엇을 주문했
는지 물었고 우리는 메뉴에 관해 이야기를 나누기 시작했다.
히스가 도착했을 때는 마이애미에서 가볼 만한 곳에 관해 담

소를 나누는 중이었다. 약간의 신상 정보도 주고받았다. 낯선 사람들이 흔히 나누는 가벼운 대화였다. 그런데 알고 보니 그 남자는 히스가 정말 일하고 싶어 했던 회사들 가운데 한 곳의 매니징 디렉터 겸 사업부장이었다. 2주일 뒤, 그 우연한 만남 덕분에 히스는 그 회사에 채용되었다. 슬램 덩크란 바로 이런 게 아닐까!

생각해 보라. 날짜, 호텔, 바에 도착한 타이밍, 빈자리. 모든 게 남편에게 이런 일이 일어나도록 서로 맞아떨어진 것이다. 재수가 좋았던 거라고? 나는 그렇게 생각하지 않는다. 세상에는 우리 눈에 보이거나 이해할 수 있는 것 이상의 큰 힘이 항상 작용하고 있다.

우주가 내 편이 되어주는 것과 관련해 마지막으로 들려드릴 이야기가 있다. 나는 2014년 12월에 직장을 그만두었다. 중대하고 겁나는 결정이었지만 18개월 가까이 부업을 하면서(월 평균 4천 달러 정도의 수입을 올리면서) 나는 지쳐 있었다. 상사와도 손발이 잘 맞지 않았다. 우리는 새 아파트로 막 이사를 온 상태였고 왠지 이 새로운 환경에서라면 전업으로 혼자 일하기에 도전해 보아도 안전하겠다는 생각이 들었다. 겁이 났지만 달리 선택의 여지가 없다는 느낌도 들었다. 내 신념을 보여주고, 언행을 일치시키며, 위험을 감수해 볼 기회였다. "만약 잘되면 어쩔 건데?" 힘을 내야 할 때마다 언제나 그래왔

듯 나 자신에게 이렇게 물었다.

풀타임으로 부업을 시작한 첫째 달은 정말 힘들었다. 겨울이었고 히스는 매일 아침 6시가 지나면 집을 나섰다. 나는 외로웠고, 내가 지독하게 이기적이라는 생각에 죄책감이 들었다. 집필 작업과 신규 고객 예약으로 바쁘게 움직였지만 10년 넘게 계속하던 직장 생활을 접는다는 건 쉬운 일이 아니었다. 창업가 동료도 없었다. 다른 친구들은 온종일 회사에서 근무했다. 그런데 난 여기서 뭘 하고 있는 거지? 정장 상의와 힐이 가득한 옷장을 바라보면서 내가 중요한 사람이라 느끼게 해주었던 이 옷과 구두들이 더 이상 쓸모없어졌다는 바보 같은 생각을 했다. 무서웠고, 불확실했고, 나 자신을 많이 자책했다. 과연 올바른 판단이었나? 나는 급속도로 발전 중인 업계에서 받을 수 있었던 높은 소득을 포기했다. 내가 사는 곳은 세계에서 가장 물가가 비싼 도시 중 하나였다. 가난한 집안 출신이라 그런지 마음 한구석으로 내가 저지른 행동을 믿을 수 없었다. 멍청한 짓을 한 건가?

나는 엄마를 뵈러 영국에 갔다가 슬프고 두려운 마음으로 돌아왔다. 들뜨는 연말이어야 했지만 큰 변화는 나를 힘들게 했다. 아름답게 포장할 생각은 없다.

그 상태가 한 달 정도 계속되었다. 나는 늘 하던 대로 링크드인 업데이트를 했고 스카우터들에게 회신해 정규직 직장에 관심이 없음을 잠재 고용주들에게 알렸다(그러면서도 자신이 없고 마음이 무거웠다). 그러다가 아이디어가 한 가지 떠올랐다. 혹시 나를 비즈니스 구축에 도움을 줄 컨설턴트/자문/코치로 고용해 줄 사람이 있으려나?

라이프 코칭 스킬, 영업 전문 기술, 종합적인 비즈니스 경험을 패키지로 묶어서 고성장 중인 실리콘밸리 스타트업을 상대로 한 자문에 활용할 수 있을지도 모른다는 생각이 들었다. (D.C.에는 컨설턴트가 많아서 나는 그들이 어떤 일을 어떤 식으로 하는지 어깨너머로 보고 배웠다.)

나는 두 사람에게 이 아이디어를 처음 꺼냈고 두 분 모두 직접 만나서 커피를 마시며 이야기를 나누자고 제안했다. 결국은 두 분 다 나를 자신이 운영하는 업체의 자문으로 고용해 주셨다. 믿을 수 없는 행운이었다! 고마워, 우주야.

나는 우쭐한 기분에 이런 이야기를 하는 게 아니다. 적극성, 포용력 있는 태도, 열린 마음을 유지한다면 미처 깨닫지 못한 놀라운 기회들이 우리 주위에 있다는 사실을 알려주고 싶어서 하는 이야기다. 당신이 만약 내향적인 성격이라면 이걸 기억하라. 우리는 인터넷을 친구로 삼기에 최고의 시대를 살고 있다. 사람을 직접 만나거나 입을 열 필요도 없이 편안하게 소파에 앉아 언제 어디서나 누구하고든 대화를 나눌 수 있다. 페이스북 창업가 그룹의 내 '친구들'은 전 세계 곳곳에 살고 있으며, 나는 앞으로 전혀 만날 가능성이 없거나 스카이 프를 통해서조차 대화할 일이 없는 그 사람들과 사업 관계를 이어가고 있다.

가능성에 관한 자기 인식에 도전장을 내밀어라. 인스타그램 사진에 댓글을 달거나 마음에 드는 인플루언서에게 트윗을 남기는 것은 그다지 수고스러운 일이 아니다. 시간이 지나면서 그 사람들은 당신을 알게 될 것이다! 그러니 두려워하지 말라! 이건 그냥 소셜 미디어일 뿐이고, 그게 어디로 이어질지는 아무도 모른다. 당신의 성격에 맞는 접근 방법을 활용하고, 아무런 방법도 없다고 가정해 버리지 말라!

의심쩍은 마음이 생겨날 때는 처음의 생각을 단단히 방어하라. 이 일이 왜 잘 풀릴 것인지를 생각하라. 내 휴대폰에는 인생의 시기마다 일이 왜 잘 풀릴 것인지 이유를 적어놓은 목록이 아직도 있다. 차선책으로 언제든 나를 채용해 줄 사람들의 이름과 내가 멋지게 일구어놓은 온라인 커뮤니티의 규모, 나를 응원해 주는 남편과 친구들의 이름도 그 목록에 포함되어 있다.

나는 어릴 때부터 자기계발서를 광적으로 좋아했다. 엄마와 함께 할인가에 나온 좋은 책을 발굴하려고 중고 서점을 샅샅이 뒤진 적도 많다. 그러던 내가 이제는 자기계발서 저자가 되었다.

시간이 없다고? 그래도 시작하라. 열정이 뭔지 잘 모르겠다고? 그래도 시작하라. 스스로 의구심이 든다고? 그래도 시작하라. 나도 이해한다. 하지만 잠시만이라도 모든 의구심, 두려움, 걱정을 제쳐두고 이렇게 생각해 보라. "만약 잘되면 어쩔 건데?"

정신을 바짝 차려라. 숨을 깊이 들이마셔라.

그리고 꿈을 실현시킬 준비를 하라.

부업을 시작해야 하는 이유

이유를 정말 알고 싶은가?

돈을 위해서가 아니다. 어떤 회사의 최고경영자가 되기 위해서도 아니다. 창작물에 관한 통제력을 온전히 소유하기 위해서도, 서랍 속에 넣어둔 사직서를 언젠가 내밀기 위해서도 아니다.

당신이 꼭 해야 할 일이기 때문이다.

당신의 능력이 충분하기 때문이다.

당신은 중요한 사람이기 때문이다.

당신의 기여가 중요하기 때문이다.

나는 당신이 어느 정도 좌절을 피할 수 있게 팁과 요령과 지름길을 제공해 줄 수 있고, 당신이 이 길을 혼자서 가는 게 아님을 확인시켜 줄 수 있고, 그럼으로써 노트북 앞에서, 혹은 스튜디오나 작업실에서 보내는 긴 밤을 조금 더 수월하게 넘길 수 있게 도와줄 수는 있다. 하지만 이 책을 통해 얻은 부업의 체계, 조언, 남의 지혜보다 더 중요한 게 무엇일까? 당신 내면의 지혜다. 뭔가를 창조하라고 당신을 충동질하는 그 지혜다. 당신을 앞으로 나아가게 하는 속삭임, 마음이 울적할 때도 가라앉지 않는 그 속삭임이다. 착실히 밀고 나가라고 촉구하는 그 목소리다.

그 지혜를 존중하라. 그건 잘못이 아니다. 지혜는 당신에게 묻는다. "만약 잘되면 어쩔 건데?"라고.

지금부터 알아보라.

끝

혹은 시작……

부록

참고할 만한 유용한 사이트

오랜 세월 기술 분야에서 일한 덕분에 얻게 된 멋진 혜택이 하나 있다. 야심 찬 창업가들과 부업을 하는 사람들이 쉽게 기반을 쌓을 수 있는 여러 가지 다양한 P2P 웹 기반 장터를 알게 됐다는 점이다. 애완견 돌보기부터 법률 조언 제공이나 가이드 투어까지, 수많은 잠재 고객들 앞에 당신의 제품/서비스를 선보이기가 지금처럼 쉬운 적은 없었다.

이러한 플랫폼들을 이용해 첫 매출을 올리기 전 사전 준비와 사업 홍보를 할 수 있다. 많은 사람들이 여러 분야에 열정이 있으므로, 플랫폼 몇 군데에 일거리를 홍보한다면 부업의 수입원을 다각화할 수 있다. 사실상 평계 댈 여지는 없다. 일을 시작하기가 너무나 쉬워졌기 때문이다. 이 책에 소개하는 것은 사용 가능한 수백 가지 플랫폼 중 일부에 불과하다. 창업에 대한 열정이 솟아나는 걸 느끼게 될 것이다.

그래픽 디자이너를 꿈꾸는가?

디자인 분야에서는 온라인으로 서비스를 제공할 수 있는 기회가 너무나 많다! 웹사이트 구축은 물론이고 책, 잡지, 명함, 패키지, 표지판 디자인까지 모두 가능하다. 실제로 나는 이 책의 표지와 내부 디자인을 위해 99디자인스를 이용했고 웹사이트 개발자를 피버에서 찾았다.

99디자인스 99DESIGNS.COM 그래픽 디자이너들을 대상으로 큰 성공을 거둔 크라우드소싱 장터. 디자이너들은 잠재 고객의 작업 지침서를 읽고 개괄적인 디자인 아이디어를 제안함으로써 입찰 경쟁에 참여한다. 잠재 고객은 몇 명의 디자이너로 범위를 좁히고, 작업 지침서를 미세 조정하고, 최종 입찰자를 선택한다. 입찰에 성공한 디자이너는 프로젝트에 따라 수백 달러에서 수천 달러를 벌 수 있다. 비슷한 플랫폼으로 디자인크라우드(designcrowd.com)와 크라우드스프링(crowdspring.com)이 있다.

피버 FIVERR.COM 크리에이티브 전문가들을 위한 또 하나의 거대한 장터. 피버에서는 5달러의 초기 가격을 설정해 놓고, 제품이나 서비스에 추가된 항목에 따라 그 이상을 받을 수 있다. 그래픽과 디자인에서부터 디지털 마케팅, 작문, 번역, 동영상, 애니메이션, 음악, 오디오, 광고 등 다양한 서비스를 제공하여 매월 수천 달러를 버는 사람들의 성공담이 많이 들려온다. 나는 피버에서 건당 5달러를 받고 보이스 오버 서비스를 시작한 전직 음악가에 관한 흥미로운 기사를 비즈니스 인사이더Business Insider 웹사이트에서 읽은 적이 있다. 이어서 그는 동영상으로 서비스 범위를 넓혔고 더 수익성 높은 패키지를 구성할 수 있었다. 긴 이야기를 줄이자면 그는 부업으로 시작한 일 덕분에 정규직 일자리를 그만두고 5만 달러의 빚을 갚았으며 매월 많게는 23,000달러의 수입을 올리고 있다!

업워크 UPWORK.COM 피버와 마찬가지로 업워크는 웹과 모바일 개발자, 디자이너, 크리에이터, 회계사, 컨설턴트, 가상 비서, 번역가, 카피라이터들을 위한 장터다.

사람들이 당신의 요리를 좋아하는가?

제2의 마사 스튜어트를 꿈꾼다고? 요리 솜씨로도 돈을 벌 수 있다! 접대와 요리 실력이 출중한 친구 크리스가 알려주기 전까지, 나는 이런 사업 콘셉트가 존재하는 줄도 몰랐다. 모르는 사람의 집이나 당신의 집에서, 아니면 제3의 독립적인 공간에서 저녁 만찬을 열어주는 일을 하고 돈을 받는 사람들이 있다. 실제 셰프든, 셰프가 되고자 하는 지망생이든, 아니면 사람들에게 요리해 주기를 좋아하는 사람이든, 메뉴, 시간, 장소, 인원수, 가격을 스스로 정할 수 있는 플랫폼이 여러 개 있다! 이것은 레스토랑이나 접객업 창업을 꿈꾸는 사람들에게 완벽한 첫걸음이 될 수 있다.

피스틀리 EATFEASTLY.COM 집밥 솜씨가 뛰어난 일반인과 미쉐린 스타 셰프까지, 이 사이트를 통해 한 달에 수천 달러를 버는 사람들의 이야기가 심심치 않게 들려온다.

잇위드 EATWITH.COM 피스틀리와 마찬가지로, 잇위드에서는 30개국, 150개 도시에서 500명 이상의 사람들이 저녁 만찬을 주최한다. 현재까지 이 사이트를 통해 10만 회 이상의 저녁 만찬이 열렸다. 당신도 이러한 활동에 참여할 수 있다.

본아페투어 BONAPPETOUR.COM 가정식을 요리해 줄 현지인과 여행자를 연결시켜 특별한 여행 경험을 선사하는 색다른 플랫폼.

쿡유니티 COOKUNITY.US 블루 에이프런Blue Apron*이 피스틀리를 만났다고 생각하면 된다. 뉴욕시에 기반을 둔 쿡유니티는 주방 공간, 최고의 식재료, 포장재를 제공해 줌으로써, 이용자가 자신의 요리를 홍보하고 식도락가들에게 나눠줄 수 있도록 돕는다. 집안의 비밀 레시피와 거기에 얽힌 이야기를 공유하고 팔로어를 모아라.

---

* 집에서 바로 요리할 수 있게 다듬고 정리한 식재료를 요리법과 함께 배달해주는 회사. —역주

그림 그리기를 좋아하는가? 장인을 꿈꾸는가?

인터넷은 야심 많은 예술가와 장인이 작품을 알리고 판매하고 심지어 빌려줄 수 있는 기회로 넘쳐난다! 얼마나 돈이 될 것인가로 실력을 평가하는 거만한 갤러리 소유주 없이, 작가가 구매자들과 직접 연락할 수 있다. 나는 아파트 벽에 걸 작품이나 리넨 커튼을 찾기 위해 이런 사이트를 여러 번 이용한 적이 있다. 이러한 플랫폼은 또한 소매점 혹은 노점상을 차리는 것보다 훨씬 저렴한 대안이 되어준다. (나는 예전에 시드니에서 노점상을 해본 적이 있었다. 비정상적으로 추운 여름 날씨였고 간간이 비까지 내렸다. 자리를 확보하려고 지불한 수수료 250달러는 환불이 불가했기 때문에 하는 수 없이 노점을 꾸렸지만 150달러를 파는 데 그쳐 장사를 완전히 망쳤다. 일진이 사나운 날이었다고 해두자. 게다가 쫄딱 젖은 채 그날 하루를 마무리했다.)

엣시 ETSY.COM 엄청난 인기를 자랑하는 글로벌 장터로서 온라인과 오프라인상으로 독특한 제품을 거래할 수 있도록 구매자와 판매자를 연결해 준다. 2천 4백만 명의 구매자가 활동 중인 이 장터는 옷, 액세서리, 보석, 미술품, 공예품, 가정용품 등 다양한 분야의 창작자들을 위한 거대 플랫폼이다. 엣시는 3.5퍼센트의 거래 수수료를 떼지만 제품을 아주 간편하게 홍보할 수 있도록 도구와 지원을 제공한다. 엣시와 비슷한 지벳

(zibbet.com)도 눈여겨볼 만하다.

래블리 RAVELRY.COM 뜨개질이나 코바늘뜨기를 좋아하는가? 래블리에서는 사용자들이 직접 만든 패턴을 업로드해 판매할 수 있다.

레드버블 REDBUBBLE.COM 구매자와 판매자가 아트 프린트에서부터 캘린더, 캔버스 프린트, 휴대폰 케이스, 티셔츠, 후드티, 연하장 등을 거래할 수 있도록 연결해 주는 예술가들의 장터다.

당신이 사는 도시를 잘 아는가? 다른 언어를 할 줄 아는가?

훌륭한 부업 기회가 여기에 있다! 우리 자매들은 모두 해외에 거주한다. 한 명은 뮌헨에, 한 명은 로마에, 한 명은 말레이시아 사바에, 한 명은 영국 서리에 살고 있다. 뮌헨에 있는 언니는 5개 국어를 하고, 로마에 있는 언니는 거기에 오래 살다 보니 이탈리아어를 아름답고 유창하게 구사한다. 언니들은 부업의 잠재력에 대한 잔소리를 대부분 무시하지만 자신의 능력이 시장성 있다는 사실은 인정한다. 당신이 사는 도시에 대한 열정이 깊거나 언어 능력이 있다면 다음과 같은 사이트가 당신에게 맞을 수 있다!

겟유어가이드 GETYOURGUIDE.COM 당신이 사는 도시/지역의 투어 가이드가 되어 돈을 벌 수 있다!

베이어블 VAYABLE.COM 이 웹사이트의 서비스 내용은 "현지 인사이더insider가 제공하는 특별한 경험을 찾아보고 예약하세요."라는 한 문장으로 간단히 압축된다. 로마 음식점 탐방, 파리 야간 사진 투어, 샌프란시스코 거리 예술 탐색, 뉴욕시 이스트빌리지의 인기 명소 구경 등은 이 사이트에서 사람들이 제공하는 서비스들이다. 경험을 등록하고 승인을 받으면 돈을 벌 기회를 얻게 된다. 원한다면 여러 개를 등록해도 좋다!

버블링 VERBLING.COM 사이트에 따르면 전 세계적으로 80만 명의 외국어 학습자가 37개 언어를 배운다고 한다! 사이트를 잠깐 살펴보니, 교사들은 자신이 설정해둔 가격대에 따라 시간당 10~40달러 가량을 벌고 있는 듯하다. 버블링의 장점은 온라인에 일정과 가능 여부를 표시하여 번거로운 조율이 불필요하다는 것이다.

버벌플래닛 VERBALPLANET.COM 버블링과 마찬가지로 버벌플래닛은 자신의 일정과 요율을 설정하고 평가를 받을 수 있는 P2P 언어 사이트다. 사이트를 살펴보니, 40분 수업에 15~25달러 정도면 합리적인 가격인 듯하고, 플랫폼에서 활동하는 일부 교사들은 수천 번의 수업 경력을 보유하고 있다.

가르치는 일을 좋아하는가? 타고난 코치인가?

다양한 주제에 관해 사람들을 가르치기 좋아한다면 그 능력을 써먹을 수 있는 장터가 있다. 또 나처럼 라이프 코칭을 하려고 한다면 새로운 고객을 유인하는 일이 처음에는 꽤 어려울 수 있다. 다행히도 코칭과 수업을 하고자 하는 사람들을 위한 전용 플랫폼이 몇 개 있다.

스터디풀 STUDYPOOL.COM 이 플랫폼에서 학생들은 개인 교사에게 수시로 인스턴트 메시지를 보낼 수 있다. 이제까지 백만 명 이상의 학생들이 도움을 받았다. 개인 교사는 자신이 숙제와 관련된 질문에 답변할 수 있는 시간이 언제인지 스케줄을 설정할 수 있다. 많이 버는 사람들은 70만 달러 이상의 소득을 올린다.

유데미 UDEMY.COM 전 세계 어디서나 온라인 과정을 가르칠 수 있는 거대한 온라인 교육 장터. 현재 2만 명의 강사와 1,100만 명의 학생들이 190개국에서 이용 중이며, 강사의 평균 소득은 8천 달러다. 제공되는 과정은 음악, 디자인, 마케팅, 자기계발, 건강과 피트니스, 어학, 시험 대비, IT와 소프트웨어 등 매우 다양하다. 유데미는 플랫폼에 적합한 포맷으로 과정을 만들 수 있는 유용한 도구들도 제공한다.

감사의 말

이미 발행된 내 기사의 일부를 이 책에 사용하도록 허락해준 그레이티스트, 비즈니스 인사이더, 허핑턴포스트, News.com.au, 허스트에 큰 감사를 드린다.

노라 론, 히스 콜린스, 해나 태터솔, 로크 휴스, 리시아 트렘벳과 이 책을 위한 인터뷰에 응해주신 멋진 인터뷰이 한 분 한 분께 특별히 감사드린다.

"모두의 인생에는 특별한 순간이 있다. 사람은 그 순간을 위해 태어났다⋯⋯ 그 특별한 기회를 붙잡을 때, 그는 가장 아름답게 빛난다."

윈스턴 처칠

What If It Does Work Out?: How a Side Hustle Can Change Your Life
© 2016, 2017 by Susie Moore
All rights reserved.
This Korean edition was published by arrangement with Dover Publications, Inc.
c/o Biagi Literary Management, New York, through Shinwon Agency Co., Seoul
Korean translation rights © 2019 by HYUNDAEJISUNG

나는 퇴근 후 사장이 된다

1판 1쇄 발행 2019년 5월 23일
1판 5쇄 발행 2021년 3월 4일

발행인 박명곤
사업총괄 박지성
기획편집 채대광, 김준원, 박일귀, 이은빈, 김수연
디자인 구경표, 한승주
마케팅 박연주, 유진선, 이호, 김수연
재무 김영은
펴낸곳 (주)현대지성
출판등록 제406-2014-000124호
전화 070-7791-2136 **팩스** 031-944-9820
주소 경기도 파주시 회동길 37-20
홈페이지 www.hdjisung.com **이메일** main@hdjisung.com
제작처 영신사 월드페이퍼

ⓒ 현대지성 2019

> **"지성과 감성을 채워주는 책"**
> 현대지성은 여러분의 의견 하나하나를 소중히 받고 있습니다.
> 원고 투고, 오탈자 제보, 제휴 제안은 main@hdjisung.com으로 보내 주세요.

현대지성 홈페이지